文物保护基础理论及先进技术丛书

平遥县清虚观藏纱阁戏人文物保护修复研究

Study on the Protection and Restoration of Cultural Relics of
Shagexiren in Qingxu Temple of Pingyao County

钟博超 / 著

中国科学技术大学出版社

内容简介

本书着眼于利用多途径文物保护修复方法解决纱阁戏人文物所遭受的糟朽、褪色、缺失、开裂、微生物侵害等病害问题，详细阐述了文物修复的技术步骤、修复所需的材料及其使用方法、严格的操作规程、完整的修复工作流程及保护修复管理办法，展示了纱阁戏人保护修复的预期效果。本书完整记录了平遥县清虚观所藏纱阁戏人的修复工作流程，总结了该类型文物保护工作的经验，涉及修复材料、修复效果、修复工艺试验及修复方法研究，为广大文物工作者提供了借鉴。

图书在版编目(CIP)数据

平遥县清虚观藏纱阁戏人文物保护修复研究/钟博超著. —合肥：中国科学技术大学出版社，2022.3

ISBN 978-7-312-05326-3

Ⅰ.平… Ⅱ.钟… Ⅲ.①扎纸—民间工艺—文物保护—研究—平遥县 ②扎纸—民间工艺—文物修整—研究—平遥县　Ⅳ.①K872.254 ②G264.3

中国版本图书馆 CIP 数据核字(2021)第 207398 号

平遥县清虚观藏纱阁戏人文物保护修复研究

PINGYAO XIAN QINGXUGUAN CANG SHAGE XIREN WENWU BAOHU XIUFU YANJIU

出版	中国科学技术大学出版社 安徽省合肥市金寨路 96 号，230026 http://press.ustc.edu.cn https://zgkxjsdxcbs.tmall.com
印刷	安徽国文彩印有限公司
发行	中国科学技术大学出版社
开本	710 mm×1000 mm　1/16
印张	14.5
字数	245 千
版次	2022 年 3 月第 1 版
印次	2022 年 3 月第 1 次印刷
定价	100.00 元

序

平遥清虚观藏清代纱阁戏人是将纸扎、泥塑、彩绘、剪纸、贴花等工艺完美融合的艺术珍品,虽历经百年,仍装束逼真、色彩鲜艳、神态动人,加上道具做工精湛、场景适宜,成为研究我国传统戏剧和民间工艺美术的珍贵实物资料。平遥纱阁戏人现为国家一级文物,属于全国独存,2006年入选中国非物质文化遗产名录。

平遥纱阁戏人文物现存36阁,由当地纸扎艺人许立廷于光绪三十二年(1906年)精心制作而成,用来代替戏班唱戏,平时将其供奉在奎星爷爷和子孙娘娘的神案前,表达平遥人希望子孙昌盛、文运通达的美好愿望。纸扎艺人根据剧情塑造各种艺术角色于一阁,一阁一戏、一场一戏,生旦净末丑、儒生武将或坐或立,内容丰富多彩。戏人有的张口高歌,有的手持刀杖对打,脸谱、手势、服饰、表情各异,栩栩如生。平遥纱阁戏人具有极高的文物价值,是探究晋剧的产生和发展演变的宝贵研究素材。

纱阁戏人文物常年展示于开放式环境中,致使多阁戏人老化、污染严重,出现了不同程度的糟朽、褪色、缺失、开裂、微生物侵害等病害,文物价值严重受损,对其开展保护修复工作已迫在眉睫。纱阁戏人修复难度很大,没有可以参照的保护修复经验及方法,保护修复工作存在一定的不确定性。为了保护并修复这批珍贵文物,2013年纱阁戏人文物收藏单位向国家文物局申报了"平遥县清虚观藏纱阁戏人文物保护修复研究"项目,同年经国家文物局批准立项(文物博函〔2013〕1218 号)。2014年,受平遥县博物馆委托,山西博物院联合中国科学技术大学,采用多种现代科技手段,对纱阁戏人的材料、工艺和病害进行了系统、科学的分析,同时开展了实验室保护修复试验,然后将成熟、可靠的实验室保护修复成果应用于纱阁戏人现场保护,在保护修复实施过程中,多次组织全国著名文物保护专家对平遥清虚观藏纱阁戏人文物进行现场评估研究。经修复的纱阁戏人完美地展现了其文物价值,促进了晋剧艺术文化的传承和发展。

龚德才
2021 年 5 月

前　　言

"平遥县清虚观藏纱阁戏人保护修复项目",以前期的分析检测和保护修复试验为支撑,在厘清文物病害类型、制作工艺、使用的材料类别及每阁所涉戏剧内容后,编制完成了《平遥县清虚观藏纱阁戏人文物保护修复方案》。2016年4月,该方案获国家文物局批准(文物博函〔2016〕542号)。2017年1月,根据国家文物局批复文件及专家意见,山西博物院编制完成了《平遥县清虚观藏纱阁戏人保护修复实施方案》,并通过专家审核。

2017年5月,山西省文物保护研究中心承接了"平遥县清虚观藏纱阁戏人文物保护修复项目"。由山西省文物保护研究中心、中国科学技术大学以及平遥县纱阁戏人非物质文化遗产传承人联合组成文物保护修复团队。中国科学技术大学负责对修复材料、修复效果进行检测研究及试验,山西省文物保护研究中心及平遥县纱阁戏人非物质文化遗产传承人负责修复工艺试验及修复方法研究。在专家指导下,依据前期研究成果及方案要求,我们选取了残损严重未定级的——《反西凉》《出庆阳》《冀阳关》3阁纱阁戏人文物进行了保护修复方法试验。

2017年12月10日,山西省文物局组织全国各地文物保护专家在平遥县召开了"平遥县清虚观藏纱阁戏人文物试修复方法专家论证会"。在专家的审核及建议下,经山西省文物保护研究中心与中国科学技术大学检测研究人员讨论研究,确定了纱阁戏人文物保护修复的技术步骤、材料及材料使用方法，制定了严格的操作规程及保护修复管理办法。在平遥县文物局的大力支持及平遥县博物馆的积极配合下，完成了10阁纱阁戏人文物保护修复工作，达到了保护修复的预期效果。我们将认真总结经验，加强队伍建设，为余下的纱阁戏人文物修复做好充分准备，为山西文物保护事业再做新贡献。

钟博超

2021年5月

目　录

序 ·· （ⅰ）
前言 ··· （ⅲ）
第1章　项目概况 ·· （ 1 ）
　1.1　项目来源 ·· （ 1 ）
　1.2　主要成果 ·· （ 3 ）
第2章　文物修复前的基本信息及现状 ··· （ 8 ）
　2.1　文物基本信息 ·· （ 8 ）
　2.2　文物价值 ·· （ 9 ）
　2.3　文物保存现状 ··· （10）
　　2.3.1　文物保存环境 ··· （10）
　　2.3.2　文物现状 ··· （11）
第3章　纱阁戏人文物研究 ·· （15）
　3.1　病害调查与病害成因分析 ·· （15）
　　3.1.1　病害调查 ··· （15）
　　3.1.2　10阁纱阁戏人文物病害总体评估 ·· （21）
　　3.1.3　病害成因分析 ··· （25）
　3.2　纱阁戏人检测分析研究 ··· （26）
　　3.2.1　分析仪器及检测内容 ·· （26）
　　3.2.2　样品来源 ··· （28）
　　3.2.3　样品名称及检测结果 ·· （28）
　　3.2.4　分析检测结果 ··· （117）
　3.3　纱阁戏人制作工艺研究 ··· （118）

3.3.1　内容设计与构图 ……………………………………… (118)
　　3.3.2　木阁的设计 …………………………………………… (118)
　　3.3.3　戏人的设计 …………………………………………… (119)
　　3.3.4　戏人的制作 …………………………………………… (119)
3.4　纱阁戏人文物艺术内容研究 …………………………………… (133)
　　3.4.1　《八义图》 ……………………………………………… (134)
　　3.4.2　《百花点将》 …………………………………………… (135)
　　3.4.3　《春秋笔》 ……………………………………………… (137)
　　3.4.4　《大进宫》 ……………………………………………… (139)
　　3.4.5　《邓家堡》 ……………………………………………… (140)
　　3.4.6　《恶虎村》 ……………………………………………… (142)
　　3.4.7　《反棠邑》 ……………………………………………… (143)
　　3.4.8　《赶龙船》 ……………………………………………… (144)
　　3.4.9　《鸿门宴》 ……………………………………………… (146)
　　3.4.10　《狐狸缘》 ……………………………………………… (147)

第4章　修复材料选择及修复方法试验 ……………………………… (150)
4.1　保护修复材料选择 ……………………………………………… (150)
　　4.1.1　脆弱纸质加固材料 ……………………………………… (151)
　　4.1.2　丝织品加固材料 ………………………………………… (157)
　　4.1.3　脱酸材料 ………………………………………………… (158)
　　4.1.4　泥塑彩绘加固材料 ……………………………………… (159)
　　4.1.5　修复用选配材料 ………………………………………… (159)
　　4.1.6　清洗材料选配 …………………………………………… (167)
4.2　修复方法试验 …………………………………………………… (167)
　　4.2.1　试验性保护修复技术路线 ……………………………… (168)
　　4.2.2　修复步骤 ………………………………………………… (168)
　　4.2.3　防霉防虫 ………………………………………………… (184)
　　4.2.4　修复效果评估 …………………………………………… (184)

第5章　纱阁戏人文物保护修复 ……………………………………… (186)
5.1　工具和保护修复材料 …………………………………………… (186)
5.2　文物保护修复的依据和原则 …………………………………… (187)
5.3　保护修复技术路线 ……………………………………………… (187)
　　5.3.1　纸质材质修复流程 ……………………………………… (188)

5.3.2　彩塑材质修复流程 …………………………………… (192)
　　5.4.3　纺织品修复 ………………………………………… (196)
　　5.3.4　饰品修复 …………………………………………… (198)
　　5.3.5　背板贴纸、贴画修复 ……………………………… (199)
　　5.3.6　木阁保护修复 ……………………………………… (199)
　　5.3.7　防菌防虫 …………………………………………… (199)
　5.4　保护修复实例 ……………………………………………… (200)
　　5.4.1　欧阳春戏人修复 …………………………………… (200)
　　5.4.2　邓车戏人修复 ……………………………………… (207)
　　5.4.3　花蝴蝶戏人修复 …………………………………… (211)
　5.5　保护修复后的保存环境 …………………………………… (218)

后记 ………………………………………………………………… (219)

第 1 章 项 目 概 况

1.1 项 目 来 源

平遥县博物馆(图1.1)位于县城东大街东段路北的平遥清虚观古建筑群内,是一座综合性博物馆。清虚观原名太平观,始建于唐高宗年间,几经易名,至清代复称"清虚观",并沿用至今。1998年,清虚观被开辟为平遥县综合博物馆。2006年5月25日,清虚观作为元至清古建筑,被国务院批准列入第六批全国重点文物保护单位名单。

平遥清虚观坐北向南,前后共三进院落,总占地面积5 890.9平方米。平遥县博物馆依托清虚观殿宇严谨的建筑布局,保留了中轴线上的道教遗存,充分呈现了中国道教文化。东西厢房展厅展示了平遥城史文化,展现了古城从远古到如今的悠久历史与灿烂文明。馆内文化珍品异彩纷呈,彰显出平遥古城独特的艺术魅力和特有的艺术风格。纱阁戏人珍藏于平遥县博物馆的珍品馆内,部分在东厢房展厅展出。

平遥清虚观现藏清代纱阁戏人文物,是一种集雕塑、剪纸、纸扎、绘画、戏曲、舞美等艺术表现形式为一体的综合艺术品。纱阁戏人的诞生与民间工艺及民俗文化密不可分。葬俗人偶与民俗纸扎艺术,是纱阁戏人的两大核心。据文献记载，平遥县清虚观藏纱阁戏人于光绪三十二年（1906年）由平遥"六合斋"纸活铺民间艺人许立廷制作。时人将戏人供奉在奎星爷爷和子孙娘娘的神案前，以此来代替请戏班唱戏，表达平遥人希望子孙昌盛、文运通达的美好愿景，更给喜好热闹的平遥人在正月里赏花灯、闹红火、求子嗣的习俗蒙上了一层神秘面纱。因其特殊的历史意义及现存的唯一性，纱阁戏人被定为国家一级文物。经文物专家鉴定，纱阁戏人是我国传统纸扎品中规格最高、数量最多、内容最完整、工艺最精湛的艺术珍品，被列为国家非物质文化遗产。

图 1.1 平遥清虚观（现为平遥县博物馆）

平遥县清虚观藏36阁纱阁戏人，均已出现材质老化、污染严重，以及不同程度的糟朽、褪色、缺失、开裂、微生物侵害等病害，文物价值严重受损，纱阁戏人保护修复已迫在眉睫。由于病害严重、工艺复杂，纱阁戏人的保护修复难度很大，加之没有可以参照的保护修复经验及方法，增加了文物修复工作的不确定性。为了保证修复质量，项目组先在仿制品上做了大量修复研究，所取得的研究成果先于未定级文物上试修复，并进行效果评估，最后再进行纱阁戏人文物整体保护修复。

2014年，受平遥县博物馆委托，山西博物院联合中国科学技术大学（以下简称"中国科大"），编制了《平遥县清虚观藏纱阁戏人文物保护修复方案》。2016年4月该方案获国家文物局批准。2018年10月，完成了保护与修复工作。

1.2 主要成果

本项目共完成了10阁纱阁戏人文物的科学保护与修复工作,在传统修复工艺的基础上,针对不同材质、不同类型病害进行了相应的保护修复,对今后同类文物的保护修复具有重要的借鉴作用。项目成果及解决的问题如下:

(1) 严格遵守文物保护修复原则。在专家们的指导下,对该批纱阁戏人的保存现状、病害种类、病害程度和成因等情况进行了详细调查,并在前期调查的基础上对10阁纱阁戏人文物的材质、制作工艺、病害类别及病害程度进行了检测分析,制定了此类文物保护修复技术路线。

(2) 在文物病害机理的检测分析、脆弱纸张强度的提高、彩塑病害问题的防治等方面的研究,为研究纱阁戏人文物的材质、工艺特征及创作水平提供了科学的基础数据。针对纱阁戏人文物纸质材料的病害特征研制出了脆弱纸张加固剂(已申请专利),并在复制品上进行实验,获得了可靠的保护修复经验和科学数据,选定了针对不同类别病害的保护修复材料。

(3) 鉴于本次保护修复的文物级别高,材料组成多样,我们利用保护修复实验研究获得的保护修复经验和科学数据对库存3阁未定级纱阁戏人文物进行了清洗(除尘)、脱酸、加固、修复等实验,并对修复方法进行了对比与分析。在研究的基础上,与传承人磋商,形成一套风险系数小、可操作、可延续修复的保护修复实施方法。原则上,基于不对文物进行拆解、保存文物组织原位、补配材料与文物材质接近、使用传统技艺修复、最少干预等理念进行保护修复,有效减缓了文物的老化速度,使这些戏人达到外表整洁、清晰,色彩稳定,骨架强度增强的目的,能够更好地展现出纱阁戏人艺术的传统美感。在此基础上制定了纱阁戏人文物保护修复技术路线与步骤,聘请全国纸质、彩塑、纺织品、木器等方面专家,在对试修复的3阁未定级纱阁戏人文物进行现场研讨的基础上,确定了纱阁戏人文物保护修复步骤。

(4) 根据专家意见及建议,项目组编制了《平遥县清虚观藏纱阁戏人文物保护修复实施方案》,完成了10阁纱阁戏人的保护修复任务。修复前后对比如

图1.2所示。

1.《八义图》修复前照片

2.《八义图》修复后照片

注:共有3个角色戏人,左1戏人左袖下方残损,长袍左方膝盖部分残损,长袍下方残损;中间戏人基本完好;右1戏人长袍中下方残损严重。

3.《百花点将》修复前照片

4.《百花点将》修复后照片

注:共有3个角色戏人,左1戏人左袖残损严重,袍子残损;中间戏人基本完好;右1戏人右袖和长袍右下方残损严重。

5.《春秋笔》修复前照片

6.《春秋笔》修复后照片

注:共有3个角色戏人,左1戏人基本完好;中间戏人两裤腿膝盖以下部分残损严重;右1戏人右袖中间残损。

图1.2　10阁纱阁戏人文物保护修复前后照片对比图

7.《大进宫》修复前照片　　　　　　　8.《大进宫》修复后照片

注：共有3个角色戏人，左1戏人帽檐破损，左肩、左肘破损，双腿残损；中间戏人胸前绣花脱落，双袖残损，双膝以下残损严重；右1戏人右手拇指、食指损坏。

9.《邓家堡》修复前照片　　　　　　　10.《邓家堡》修复后照片

注：共有3个角色戏人，左1戏人脸部有裂缝，两裤腿破损；中间戏人袍子左侧破损；右1戏人左手食指断掉，左袖口破损，右手食指断裂。

11.《恶虎村》修复前照片　　　　　　　12.《恶虎村》修复后照片

注：共有3个角色戏人，左1戏人左袖上方破损一洞；中间戏人完好；右1戏人衣服下方、右膝盖、左裤腿下方残损，戏人手中扇子稍残。

图1.2　10阁纱阁戏人文物保护修复前后照片对比图(续)

13.《反棠邑》修复前照片　　　　　　　　14.《反棠邑》修复后照片

注：共有4个角色戏人，左1戏人长袍左后下方破损；左2戏人完好；右2戏人长袍左下方稍残，左腿中后方稍残；右1戏人左袖中上方残损，两膝盖残损严重。

15.《赶龙船》修复前照片　　　　　　　　16.《赶龙船》修复后照片

注：共有3个角色戏人，左1戏人左袖中间部分残损；中间戏人完好；右1戏人右手食指已掉。

17.《鸿门宴》修复前照片　　　　　　　　18.《鸿门宴》修复后照片

注：共有3个角色戏人，左1戏人长袍左下方残损；中间戏人左手所拿丝绸下方残损；右1戏人左手食指部分断裂，右袖中间部分稍残，袍子中间稍残。

图1.2　10阁纱阁戏人文物保护修复前后照片对比图（续）

第1章 项目概况　　　　　　　　　　　　　　　　　　　　　　　　7

19.《狐狸缘》修复前照片　　　　　　　　20.《狐狸缘》修复后照片

注：共有3个角色戏人，右1戏人袍子中间略有残缺；其他戏人基本完好，颜色有脱落，服饰有裂迹。

图1.2　10阁纱阁戏人文物保护修复前后照片对比图(续)

第 2 章　文物修复前的基本信息及现状

2.1　文物基本信息

平遥纱阁戏人将纸扎、泥塑、彩绘、剪纸、贴花等工艺完美融合，人物精致逼真，惟妙惟肖。其虽属纸扎作品，但做工之考究、造型之生动，是迄今所见纸扎工艺品中的极致之作。

平遥清虚观藏纱阁戏人原有 36 阁，现完整保存 28 阁，每阁一剧，每剧含 3 至 4 个戏曲人物，另有 8 阁戏人残损严重，剧情人物待考，存于库房。男戏人身高约 50 cm，女戏人身高约 48 cm。戏人固定于大小均等的黑色木质阁子内，每阁通高 77 cm、宽 83 cm、深 44 cm。阁内均设置匾额、隔断、题壁。

平遥县纱阁戏人原用于在春节、元宵节等社会活动中展示或在民间丧葬仪式上用于灵前祭奠，现藏于平遥县博物馆的珍品馆内。

平遥纱阁戏人所表现的戏剧内容取自当时山西中路梆子声腔（晋剧）的流行剧目，分为以下几种：

(1) 历史剧 14 种——春秋战国故事剧 3 种：《八义图》《反棠邑》《金台将》；秦汉故事剧 2 种：《大进宫》《鸿门宴》；三国故事剧 1 种《赶龙船》；南北朝故事剧 1 种：《春秋笔》；隋唐五代故事剧 5 种：《冀阳关》《战洛阳》《双带箭》《满床笏》

《飞虎山》；宋元故事剧 2 种：《斩黄袍》《百花点将》。

（2）英雄传奇剧 3 种，分别为《佘塘关》《岳飞北征》《困铜台》。

（3）神怪故事剧 4 种，分别为《狐狸缘》《铁钉床》《五岳图》《借伞》。

（4）侠义公案剧 6 种，分别为《司马庄》《溪皇庄》《邓家堡》《祥麟镜》《恶虎村》《画春园》。

（5）家庭生活剧 1 种，即《三疑计》。

剩余 8 阁损毁严重，剧目、场景现已无从考证。本项目所保护修复的 10 阁纱阁戏人基本信息如表 2.1 所示。

表 2.1 文物信息总表

序号	名称	戏人数目（人）	阁中字画（幅）	时代	等级	质地	尺寸	收藏单位	入藏时间
1	八义图	3	3	清	一	纸+泥塑+纺织品等	阁高 77 cm，宽 83 cm，深 44 cm；男戏人身高约 50 cm，女戏人身高约 48 cm	平遥县博物馆	1996 年
2	百花点将	3	3						
3	春秋笔	3	3						
4	大进宫	3	3						
5	邓家堡	3	3						
6	恶虎村	3	3						
7	反棠邑	4	3						
8	赶龙船	3	3						
9	鸿门宴	3	3						
10	狐狸缘	3	3						

2.2 文 物 价 值

平遥纱阁戏人现为国家一级文物，2006 年被列入中国非物质文化遗产名录。平遥县清虚观藏纱阁戏人是目前已知存世规模较大且工艺较为精美的立体纸扎文物。纱阁戏人的制作不同于普通的纸扎工艺和泥塑戏人，融纸扎、雕塑、彩绘、书法、剪纸为一体，所做戏人精致逼真，惟妙惟肖，被誉为真正的艺术精品,也是一朵绚丽多姿的民间工艺之花,具有较高的文化品位和欣赏价值。纱阁戏人用料虽然普通,但制作流程及手法却非常讲究,被联合国教科文组织誉为"世界仅存的规模最大的民间纸扎工艺品"。

平遥清虚观藏纱阁戏人填补了中国古代纸扎立体造型艺术的空白,丰富了民间工艺美术的史料,同时也为19世纪末到20世纪初中路梆子从山西蒲州梆子分化出来的这一段历史提供了佐证,为人们了解梆子声腔在晋商活跃的山西中部地区的繁荣情形、艺术风貌提供了最为直观的映照,作为民俗对戏曲文物研究具有极高的历史、艺术价值,成为研究中国古代戏曲、雕塑、剪纸、纸扎艺术的珍贵标本。

2.3 文物保存现状

2.3.1 文物保存环境

平遥县历史上十年九旱,大风、暴雨洪涝、霜冻、冰雹等自然灾害时有发生。而纱阁戏人所藏地平遥清虚观坐落于平遥古城东大街东段,远离山脉、水域,基本不会受到特定地质灾害的破坏性影响。但气候多变、温差显著的自然环境,对清虚观各殿建筑和其所收藏的各类文物的保存造成了一定影响。

平遥清虚观,其建筑空间高大开阔,冬暖夏凉,通风良好,但是由于实行半开放式展示,在温湿度(表2.2)、降尘和照度上不可能完全满足文物环境保护的要求,保存环境条件亟待改善。

表 2.2 平遥清虚观藏纱阁戏人展厅温湿度

2013年10月检测				2014年4月检测			
位置	湿度(%)	温度(℃)	照度(Lux)	位置	湿度(%)	温度(℃)	照度(Lux)
柜内	51.6	25.9	0.44	柜内	45.6	15.6	0.43
东南角	59.4	25.1	111	东南角	49.6	15.2	110

续表

2013年10月检测				2014年4月检测			
位置	湿度(%)	温度(℃)	照度(Lux)	位置	湿度(%)	温度(℃)	照度(Lux)
东北角	59.3	24.8	48.5	东北角	49.3	14.8	48.6
西南角	59.7	24.7	64.3	西南角	49.4	14.8	64.3
西北角	59	24.9	30	西北角	49	14.9	30.2
中间	59.5	24.9	24	中间	49.5	14.8	23.8
柜内（开柜10 min）	60	24.7		柜内（开柜10 min）	50	14.7	
东南角	57.3	25.9	33.4	东南角	50.3	15.8	33.5
西南角	56.9	26.1	35.5	西南角	46.7	16.4	36.3
东北角	56.1	26.2	39.4	东北角	46.3	16.3	37.6
西北角	57.7	26.4	15.2	西北角	47.4	16.4	14.3
中间	55.3	26.5	158	中间	45.8	16.5	155

从表2.2可见，展厅展柜内外，相同位置，4月和10月相对湿度相差6%—10%，温度相差10℃左右，照度变化不大。根据平遥古城当地的气候和纱阁戏人保存至今的环境经历，结合国际文物保护修复协会（IIC）、国际博物馆协会（ICOM）、国际文物保护与修复研究中心（ICCROM）等组织推荐的纸质文物保护环境标准，建议环境温度控制在20±2℃（人所感受的舒适温度），湿度控制在50%左右（人所感受的舒适湿度），照度控制在50 Lux以下，因此对于纱阁戏人目前的展示环境而言，湿度能够基本保持在45%—60%，这与一般古建筑内环境潮湿有一定关系。照度除了东南角、西南角、中间位置外，其他位置还能保持在50 Lux以下，但是按一般化学反应规律，在一定温度范围内温度每升高10℃，反应速度增加1—3倍，因此清虚观的10℃左右的温度变化会对文物造成一定影响。

2.3.2 文物现状

参照中华人民共和国文物保护行业标准之《馆藏纸质文物病害分类与图示》《馆藏金属文物保护修复方案编写规范》《陶质彩绘文物保护修复方案编写规范》，项目组对此次开展保护修复的10阁文物进行了病害统计和评估，如表2.3所示。

表 2.3　拟开展保护修复的 10 阁纱阁戏人文物病害统计和评估表

（单位：阁）

病害等级	基本完好	微损	中度	重度	濒危
数量	0	2	4	3	1

此次开展保护修复的 10 阁文物的主要病害表现如下：戏曲人物衣袖、裤腿、披肩等纸质部分出现不同程度的破损、残缺，约占 64%；3 处装饰贴花脱落；5 处颜料明显褪色；6 处泥塑手指断裂或缺失；3 处泥塑颜料层严重龟裂。此外，由于年代久远，保存不当，频繁裸露展示，文物受到大量灰尘污染，文物中的纸质部分老化严重。此次开展保护修复的 10 阁文物的现状及病害情况如表 2.4 所示。

表 2.4　拟开展保护修复的 10 阁纱阁戏人文物病害情况

序号	名称	病害基本情况	病害示例图
1	《八义图》	左 1 戏人左袖下方残损，长袍左方膝盖部分残损，长袍下方残损；中间戏人基本完好；右 1 戏人长袍中下方残损严重	
2	《百花点将》	左 1 戏人左袖残损严重，袍子残损；中间戏人基本完好；右 1 戏人右袖和长袍右下方残损严重	
3	《春秋笔》	左 1 戏人基本完好；中间戏人两裤腿膝盖以下部分残损严重；右 1 戏人右袖中间残损	

第 2 章　文物修复前的基本信息及现状

续表

序号	名称	病害基本情况	病害示例图
4	《大进宫》	左 1 戏人帽檐破损，左肩、左肘破损，双腿残损；中间戏人胸前绣花脱落，双袖残损，双膝以下残损严重；右 1 戏人右手拇指、食指损坏	
5	《邓家堡》	左 1 戏人脸部有裂缝，两裤腿破损；中间戏人袍子左侧破损；右 1 戏人左手食指断掉，左袖口破损，右手食指断裂	
6	《恶虎村》	左 1 戏人左袖上方破损一洞；中间戏人完好；右 1 戏人衣服下方、右膝盖、左裤腿下方残损，戏人手中扇子稍残	
7	《反棠邑》	左 1 戏人长袍左后下方破损；左 2 戏人完好；右 2 戏人长袍左下方稍残，左腿中后方稍残；右 1 戏人左袖中上方残损，两膝盖残损严重	

续表

序号	名称	病害基本情况	病害示例图
8	《赶龙船》	左1戏人左袖中间部分残损；中间戏人完好；右1戏人右手食指已掉	
9	《鸿门宴》	左1戏人长袍左下方残损；中间戏人左手所拿丝绸下方残损；右1戏人左手食指部分断裂，右袖中间部分稍残，袍子中间稍残	
10	《狐狸缘》	右1戏人袍子中间略有残缺，其他戏人基本完好，颜色有脱落，服饰有裂迹	

第 3 章　纱阁戏人文物研究

3.1　病害调查与病害成因分析

项目组对其中一阁病害较严重的纱阁戏人进行了具体病害评估，在此基础上对 10 阁纱阁戏人进行总体病害评估。

3.1.1　病害调查

纱阁戏人文物病害基本相同，为了有针对性地说明病害的具体问题，我们以《邓家堡》纱阁戏人文物为对象进行病害调查与病害成因分析。通过专家现场病害评估，纱阁戏人文物的主要病害分析如下：

《邓家堡》纱阁戏人木阁阁顶长 88 cm、深 47.8 cm、通高 77.5 cm，阁内底板长 72.5 cm、宽 37 cm。主要病害为表面漆膜脱落、起皱、积尘。

1. 灰尘侵扰

服饰积尘如图 3.1、图 3.2 所示。

图 3.1　服饰积尘 1　　　　　　　　图 3.2　服饰积尘 2

2. 木阁上漆膜脱落、起皱

木阁上漆膜脱落、起皱如图 3.3、图 3.4 所示。

图 3.3　木阁上漆膜部分脱落　　　　图 3.4　木阁上漆膜起皱

3. 书画隔断残缺、破损、变色、皱褶、褪色

《邓家堡》纱阁戏人书画隔断主要病害为表面积尘严重,有残缺、破损、变色、皱褶、褪色等病害,如图 3.5、图 3.6 所示。其中戏名牌左下角纸张出现了破损,右题壁边缘纸张出现破损、褶皱等(图 3.7、图 3.8)情况(表 3.1)。

图 3.5　左题壁贴纸　　　　　　　图 3.6　戏名牌左下角破损

图 3.7　后壁书画破损　　　　图 3.8　右题壁边缘破损、积尘、皱褶

表 3.1　《邓家堡》书画隔断病害调查表

戏名	病害位置	病害情况	病害尺寸	整体尺寸
《邓家堡》	左题壁	左侧贴纸四处缺失	6 cm	纸:28 cm×21 cm
		积尘	整体	
		右下角撕裂	3 cm	
	后壁	戏名牌左下角缺失	1 cm	整体:72 cm×63 cm 戏牌:22.3 cm×10 cm
		戏名牌表面污渍		
		左侧贴纸裂隙	17 cm	
		中间裂隙	21 cm	
	右题壁	积尘	整体	纸:28 cm×21 cm
		四边起翘		
		皱褶		

4. 纱阁戏人道具积尘、破损

纱阁戏人道具积尘、破损如图 3.9 所示。

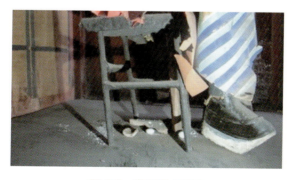

图 3.9　道具积尘严重

5. 泥塑手部残缺、断裂,彩绘层起翘、龟裂、脱落

泥塑手部残缺、断裂,彩绘层起翘、龟裂、脱落如图 3.10 至 3.14 所示。

图 3.10 《邓家堡》三戏人

图 3.11 面部彩绘层龟裂

图 3.12 手指缺失

图 3.13 手指断裂、龟裂

图 3.14 靴子彩绘层脱落

6. 裹纸及装饰品污渍、撕裂、起翘、残缺

戏人裹纸及装饰品表面积尘严重,部分褪色明显。戏人束巾有污迹、破损、糟朽等病害,纸质外衣有破损、残缺、污渍、起翘等病害,头饰有变形、破损等病害,具体病害见图3.15至图3.20及表3.2。

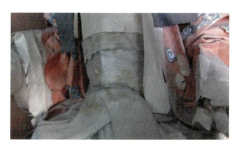

图3.15 束巾污渍严重

图3.16 外衣撕裂

图3.17 外衣下摆撕裂、起翘

图3.18 贴纸起翘

图3.19 外衣残缺

图3.20 裤腿残缺

经过调查及检测分析,项目组发现木阁、书画隔断、道具及戏人裹纸、装饰品、外衣均有不同程度的病害。其中道具、木阁、戏人外衣及裹纸等表面积尘极为严重,部分泥塑人形骨架有彩绘层龟裂、脱落、缺失等病害,戏人外衣及束巾表面有污渍、破损等病害。

表 3.2 戏人裹纸及装饰品病害调查表

戏名	病害位置	病害名称	病害尺寸
《邓家堡》	欧阳春帽子	变形	—
	欧阳春胡子	变形	—
	欧阳春飘带	起丝污渍	
	欧阳春右袖贴纸	残缺、变色	
	欧阳春贴纸彩绘层	脱落	
	欧阳春外衣右下部 1	残缺	9 cm²
	欧阳春外衣右下部 2	破损	3 cm²
	欧阳春右裤腿 1	残缺	1 cm²
	欧阳春右裤腿 2	破损	1 cm²
	欧阳春左裤腿	残缺	0.5 cm²
	邓车帽子	变形	—
	邓车胡子	变形、残缺	—
	邓车飘带	起丝	
	邓车右袖贴纸	彩绘层脱落	
	邓车外衣左侧 1	破损	13 cm²
	邓车外衣左侧 2	残缺	20 cm²
	邓车下裙	残缺	2 cm²
	邓车右裤腿	破损	—
	邓车裤腿	污渍	—
	姜永生帽子	变形	—
	姜永生飘带	起丝	
	姜永生左袖	残缺	2 cm²
	姜永生右袖	孔洞、残缺	2 cm²
	姜永生束带	污渍	
	姜永生裙子	破损	
	姜永生裤腿	残缺	21 cm²

3.1.2 10阁纱阁戏人文物病害总体评估

1. 木阁外隆病害

木阁尺寸相同,均为阁顶长 88 cm、深 47.8 cm、通高 77.5 cm,阁内底板长 72.5 cm、宽 37 cm,保存基本完好。如图 3.21 至图 3.24 所示,所有木阁主要病害为表面漆膜起泡和脱落,胎体变形和动物损害(如动物粪便、蜘蛛网等)。

图 3.21 漆膜脱落

图 3.22 漆膜起泡

图 3.23 雀替与木阁分离及动物病害:蜘蛛网

图 3.24 动物病害:粪便

2. 木阁内壁病害

包括木阁后壁与左右题壁。内壁表面附有书画,后壁七条屏间绘有山石花鸟,左右题壁均有题记,内容大多为格言或诗歌,少数绘有山石花鸟。如图3.25 所示,隔断书画主要病害为表面灰尘、残缺、撕裂、变色、皱褶、动物损害(虫蛀洞、蜘蛛网、动物粪便)、褪色等。

左右题壁书画的共性病害除了褪色、灰尘、褶皱之外,还有一特殊的共同病害:书画纸张与左右隔板粘接处可见深色油渍区域,为木材中的油性物质污染所致,如图3.26所示。

图 3.25　后壁书画积尘严重　　图 3.26　左题壁题记残缺、皱褶及粘接处油污

3. 道具病害

道具主要为桌椅,由植物秆做骨架,纸扎并上色,固定在纱阁底板上。如图3.27、图3.28所示,道具病害主要为脱离底板、骨架散架、裹纸残破、积尘。

图 3.27　裹纸残破　　　　　图 3.28　骨架失稳

4. 戏人病害

戏人制作工艺复杂,原料有纸、泥、木头、草、丝织品、毛发、麻绳等。戏人由骨架、泥塑和裹纸组成,每部分均存在相应的病害。

(1) 人形骨架:如图3.29至图3.32所示,基本保存完好,少数骨架积尘严重,内部结构失稳。

(2) 泥塑:如图3.33至图3.38所示,主要有头、手和脚三部分。病害主要为残缺、断裂、积尘以及彩绘层起翘、龟裂、脱落等。

图 3.29 戏人腿部骨架松动

图 3.30 戏人缺失,仅存腿部支架

图 3.31 积尘严重

图 3.32 脱离底板

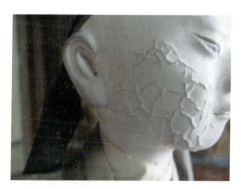
图 3.33 面部彩绘层龟裂

图 3.34 头部缺失

图 3.35 手部残缺

图 3.36 手指断裂

图 3.37 靴子泥层酥松

图 3.38 靴子部分缺失

(3) 戏人裹纸及装饰：如图 3.39 至图 3.42 所示，裹纸病害主要有表面积尘、残缺、断裂、褪色、皱褶、动物损害等。丝织品病害主要有糟朽、残缺、破裂、污染。

图 3.39 《三虎庄》戏人残缺

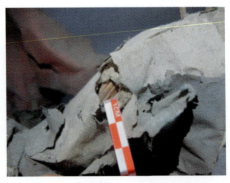
图 3.40 肩部外衣及裹纸层残破

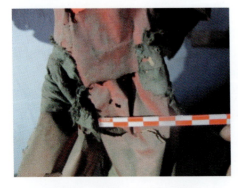
图 3.41 束带丝织品糟朽、残缺

图 3.42 外衣断裂

此次保护修复的 10 阁戏人虽保存较完整，但各类病害较多，严重损害了文物的科学、历史、艺术价值，亟待保护和修复。同时需要完善预防性保护设施，应控制好温度和湿度,降低室外温度、湿度对展厅和库房内部环境带来的影响,抑制真菌在文物上的生长和繁殖;库房和展厅应配备无紫外线的人工光源,并安装滤紫外线玻璃,确保有害光源无法侵害文物;应利用空气洁净设备使库房内和展厅卫生保持洁净,经常打扫,最大程度确保文物不会受到有害气体和灰尘的侵害。

3.1.3 病害成因分析

1. 紫外线

纸张由纤维素、半纤维素、木质素等成分组成。据测定,紫外线对纸张有光解作用和光氧化作用,导致纸张中的纤维素分子链降解、断裂。文物纸张的褪色、变色、发脆、变质,以及各种机械强度包括抗拉、抗折、抗扯等性能的降低,许多都是光解作用和光氧化作用的结果。

2. 温湿度

温度、湿度这两个相互关联的理化因素,对纸质文物的保存有直接的影响。不适宜的温湿度对纸质文物有多方面的破坏作用。温度过高时,纸张内的水分迅速蒸发,纸质文物会变得干燥、脆弱,并发生皱缩、翘曲、开裂的现象。有实验表明,温度超过常温 10 ℃时,古书纸张内的酸碱杂质对纸张的破坏作用可以增加 3 倍。尤其是温度忽高忽低变化剧烈时,纸张忽而收缩,忽而膨胀,所起的破坏作用更加显著。湿度太大时,纸张吸水太多,将为微生物的繁殖创造条件,紫外线和有害气体的破坏作用也会在潮湿的条件下加速。

3. 有害气体

空气中的有害气体如二氧化硫(SO_2)、三氧化硫(SO_3)、氨气(NH_3)、氯气(Cl_2)、硫化氢(H_2S)、臭氧(O_3)等,对纸质文物都有危害作用。尤其以二氧化硫最为严重,二氧化硫被纸质文物吸收后,会生成破坏纸张纤维素的硫酸(H_2SO_4),硫酸能够切断纸张纤维分子合链,引起纤维素分子水解,从而使纸张机械强度大大降低。

4. 灰尘

灰尘中混杂的物质甚多,腐蚀性(对文物材料)和营养性(对微生物)的颗粒都有。降落在纸质文物表面的灰尘,沉积久了会形成一层难以消除的灰黑色覆盖面,这层物质既会腐蚀文物,也很适合微生物的生长。

5. 生物作用

生物作用主要指虫蝇屎污染、鼠虫啃咬以及霉菌侵蚀等。造纸时加入的动物胶、淀粉、矾、树脂,以及装裱时使用的糨糊等有机物,为霉菌、细菌等的生长提供了有利的条件。

3.2 纱阁戏人检测分析研究

3.2.1 分析仪器及检测内容

1. 超景深三维显微系统分析

利用超景深三维显微光学系统于不同倍数下观察样品的表面形貌、制作工艺及老化程度。

仪器型号:基恩士超景深三维显微系统,型号:VHX-2000E。

实验方法:用去离子水清洁样品表面,置于显微镜下直接观察。

2. 纤维分析

通过造纸纤维测量仪于不同倍数下观察并推测样品中植物纤维种类。

仪器型号:珠海华伦造纸科技有限公司 XWY-Ⅵ型造纸纤维测量仪。

实验方法:取少许纸样于洁净试管中,加少量蒸馏水,进行加热(60 ℃)使纤维分散。用镊子取纤维试样少许,置于载玻片上,滴两滴赫兹伯尔染色液(Herzberg stain),使纸张纤维在染色液中分散均匀,盖上盖玻片后使用造纸纤维测量仪观察纤维的形态特征及显色反应情况,根据不同纤维原料的形态及其长度和宽度判断其纸张纤维种类。

3. 激光粒度分析

测量土壤中颗粒的粒径及其质量百分比,分析塑土工艺。

仪器型号:TB-9300S 型激光粒度仪。

实验方法:将样品研磨后过筛,配置质量分数为 0.5% 的六偏磷酸钠水溶液为分散液,将土样溶解于分散液内,并超声分散 30 min。将分散后的土样通过循环分散进样系统进入激光粒度分布仪,使用激光粒度仪进行粒径分析,重复3次,结果取平均值。

4. X射线衍射分析(XRD)

对土壤颗粒中的矿物晶体结构进行定性分析。

仪器型号:TTR-Ⅲ水平型大功率X射线粉末衍射仪。

实验方法:取少量泥土样品,经去离子水及酒精清洗后,研磨成粉末,用80目筛过筛,以确保研磨的精细度。采用Rigaku TTR-Ⅲ样品水平型大功率X射线粉末衍射仪,对样品进行物相分析,衍射角扫描范围为10°—80°,工作电压和电流分别为40 kV和200 mA,扫描速度8°/min,扫描步长0.02。

5. 金相显微分析

通过金相显微镜确定样品金相结构,判断其保存状况并推测其制作工艺。

仪器型号:研究级倒置数字材料显微镜(Axio-vert)、热压镶嵌机(Struers, CitoPress-10)、抛光机(MTI Corporation, UNIPOL 820)。

实验方法:将样品表面锈蚀打磨掉,后对样品基体进行镶样、磨光、抛光,制成金相样后,对铁器样品用硝酸酒精溶液(3%)侵蚀,在金相显微镜下对其组织情况进行观察。

6. 场发射扫描电子及能谱仪(FE-SEM&EDS)分析

观察纤维表面形貌特征;利用能谱确定颜料及金属样品主要元素与成分。

仪器型号:Sirion 200型肖特基场发射扫描电子显微镜、INCA能谱仪。

实验方法:将包埋样品经喷铂处理(喷铂时间120 s)使其导电,置于扫描电子显微镜样品台,测试条件选择高真空模式,加速电压15 kV,能谱仪波长范围300~900 mm。

7. 纸张酸度测试

测量纸张样品酸碱度,分析其老化程度。

仪器型号:CLEAN pH30酸碱度测试计。

实验方法:因文物样品较为稀缺,称取0.5 g老化纸张样品,称准至0.01 g,置于100 mL磨口带塞锥形瓶中,加入25 mL蒸馏水,于20—25 ℃环境中放置1 h,此期间摇动锥形瓶1次,水抽提结束后将抽提液转移至小烧杯中待测。制备两份纸张抽提液后,将酸度计用酸碱缓冲液校准后使用蒸馏水进行冲洗,并用缓冲液清洗1次后将电极浸入抽提液中测定其pH,对于两份抽提液测试结果求其平均值。

3.2.2 样品来源

本次检测使用的样品大部分来自于脱落的材料,少量样品从文物的隐蔽处提取。

3.2.3 样品名称及检测结果

1. 纸质样品检测

(1)《反棠邑》丫鬟黑裤左裤腿边残片。

① 检测结果如图 3.43 所示。

 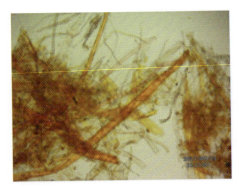

图 3.43

② 检测结果分析:样品经染色后呈黄褐色,共有两种形态的纤维:一种较细且柔软,端部较尖,中段呈圆柱状,无明显扭曲现象,表面有双边锯齿状的表皮细胞,符合禾草类纤维的形态特征;另一种宽大且直,呈柱状,胞腔粗大、均匀,含有横节纹,纤维壁外挂黄色似胶衣状物质,符合皮类纤维的形态特征,推测造纸原料为草浆和皮浆。

(2)《反棠邑》丫鬟裤脚右下边缘残纸。

① 检测结果如图 3.44 所示。

② 检测结果分析:样品经染色后呈黄色,纤维较细短,杂细胞较少,导管分子有明显的舌状尾部的形态特征,导管分子侧壁上有纹孔,符合阔叶木材纤维的形态特征,推测造纸原料为阔叶木浆。

 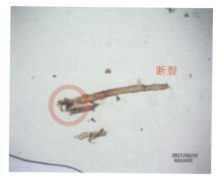

图 3.44

(3)《反棠邑》苍头黑衣残片。

① 检测结果如图 3.45 所示。

图 3.45

② 检测结果分析:样品经染色后呈黄棕色,纤维细胞腔宽大,细胞壁较薄,纤维端部较钝,中部变化不大,纤维壁表面附着有晶体颗粒物质,符合韧皮纤维的形态特征,推测造纸原料为皮浆。

(4)《反棠邑》右 1 戏人左袖脱落残片。

① 检测结果如图 3.46 所示。

② 检测结果分析:样品经染色后呈黄棕色,纤维细胞腔宽大,细胞壁较薄,纤维端部较钝,中部变化不大,纤维壁表面附着有晶体颗粒物质,符合韧皮纤维的形态特征,推测造纸原料为皮浆。

(5)《反棠邑》丫鬟上衣右肩膀处纸样。

① 检测结果如图 3.47 所示。

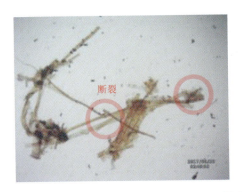

图 3.46

图 3.47

② 检测结果分析：样品经染色后呈黄色，纤维粗大且柔软扭曲，纵节纹较多，纤维多分丝帚化，符合麻纤维的形态特征，推测造纸原料为麻浆。

(6)《祥麟镜》老者衣角残片。

① 检测结果如图 3.48 所示。

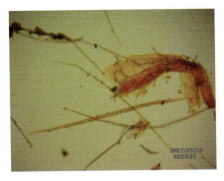

图 3.48

② 检测结果分析:样品经染色后呈黄色,纤维较细短,杂细胞较少,导管分子有明显的舌状尾部的形态特征,导管分子侧壁上有纹孔,符合阔叶木材纤维的形态特征,推测造纸原料为阔叶木浆。

(7)《佘塘关》佘王左袖口纸样。

① 检测结果如图 3.49 所示。

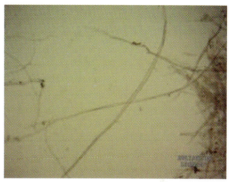

图 3.49

② 检测结果分析:样品经染色后呈黄色,纤维胞腔明显,纤维壁腔比较大,且观察到明显的锯齿细胞,符合草纤维的形态特征,推测造纸原料为草浆。

(8)《佘塘关》佘王腰部接口处纸样。

① 检测结果如图 3.50 所示。

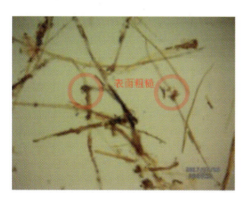

图 3.50

② 检测结果分析:样品经染色后呈黄棕色,纤维细胞腔宽大,细胞壁较薄,纤维端部较钝,中部变化不大,纤维壁表面附着有晶体颗粒物质,符合韧皮纤维的形态特征,推测造纸原料为皮浆。

(9)《五岳图》张奎裤角外层纸样。

① 检测结果如图 3.51 所示。

图 3.51

② 检测结果分析:样品经染色后呈黄棕色,纤维细胞腔宽大,细胞壁较薄,纤维端部较钝,中部变化不大,纤维壁表面附着有晶体颗粒物质,符合韧皮纤维的形态特征,推测造纸原料为皮浆。

(10)《五岳图》中军袖口纸样。

① 检测结果如图 3.52 所示。

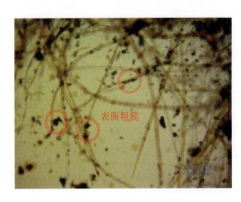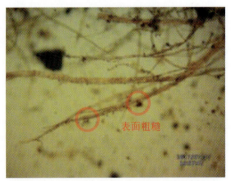

图 3.52

② 检测结果分析:样品经染色后呈黄棕色,纤维细胞腔宽大,细胞壁较薄,纤维端部较钝,中部变化不大,纤维壁表面附着有晶体颗粒物质,符合韧皮纤维的形态特征,推测造纸原料为皮浆。

(11)《出庆阳》石彦龙左裤腿纸样。

① 检测结果如图 3.53 所示。

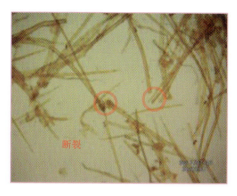 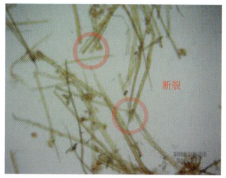

图 3.53

② 检测结果分析：样品经染色后呈绿色，纤维较为僵硬，少弯曲现象，纤维壁较厚，腔径较小，有竹特有的大导管，符合竹纤维的形态特征，推测造纸原料为竹浆。

(12)《出庆阳》石彦龙披风领口内层纸样。

① 检测结果如图 3.54 所示。

 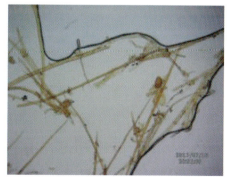

图 3.54

② 检测结果分析：样品经染色后呈绿色，纤维较为僵硬，少弯曲现象，纤维壁较厚，腔径较小，有竹特有的大导管，符合竹纤维的形态特征，推测造纸原料为竹浆。

(13)《出庆阳》木阁后板上赭色纸样。

① 检测结果如图 3.55 所示。

图 3.55

② 检测结果分析：样品经染色后呈绿色，纤维较为僵硬，少弯曲现象，纤维壁较厚，腔径较小，有竹特有的大导管，符合竹纤维的形态特征，推测造纸原料为竹浆。

(14)《出庆阳》李广右侧胸内绿衣纸样。

① 检测结果如图 3.56 所示。

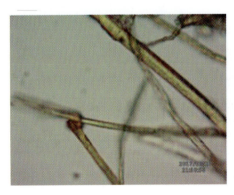 

图 3.56

② 检测结果分析：样品经染色后呈黄色，纤维细胞为细长的管状细胞，端部呈肘形、刀形，壁上有具缘纹孔，晚材纤维呈柱状，早材纤维呈扁平的带状，管胞与木射线组成交叉场，纤维壁上有具缘纹孔，符合木材纤维的形态特征，推测造纸原料为木浆。

(15)《出庆阳》石彦龙左裤角纸样。

① 检测结果如图 3.57 所示。

 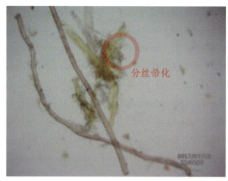

图 3.57

② 检测结果分析:样品经染色后呈黄色,纤维粗大且柔软扭曲,纵节纹较多,纤维多分丝帚化,符合麻纤维的形态特征,推测造纸原料为麻浆。

(16)《出庆阳》石彦龙手鞭穗纸样。

① 检测结果如图 3.58 所示。

图 3.58

② 检测结果分析:样品经染色后呈黄色,纤维粗大且柔软扭曲,纵节纹较多,纤维多分丝帚化,符合麻纤维的形态特征,推测造纸原料为麻浆。

(17)《出庆阳》石彦龙上衣下缘贴花纸样。

① 检测结果如图 3.59 所示。

② 检测结果分析:样品经染色后呈红色,纤维呈圆柱状,周围附着有较多的小纤维。纤维细胞壁光滑,壁上无节纹或纹孔结构,细胞腔较大,纤维有扭转现象,符合棉纤维的形态特征,推测造纸原料为棉浆。

(18)《出庆阳》木阁左侧壁纸样。

① 检测结果如图 3.60 所示。

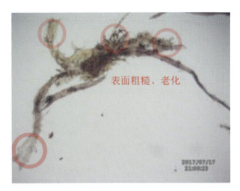 

图 3.59

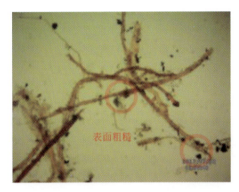 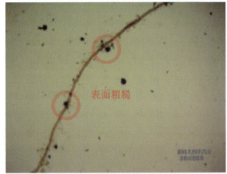

图 3.60

② 检测结果分析:样品经染色后呈黄棕色,纤维细胞腔宽大,细胞壁较薄,纤维端部较钝,中部变化不大,纤维壁表面附着有晶体颗粒物质,符合韧皮纤维的形态特征,推测造纸原料为皮浆。

(19)《出庆阳》石彦龙上衣绿云纹贴花纸样。

① 检测结果如图 3.61 所示。

 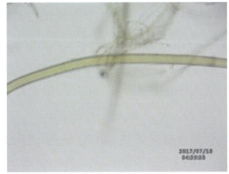

图 3.61

② 检测结果分析：样品经染色后呈绿色，纤维较为僵硬，少弯曲现象，纤维壁较厚，腔径较小，有竹特有的大导管，符合竹纤维的形态特征，推测造纸原料为竹浆。

(20)《出庆阳》石彦龙上衣衣边黄色纸样。

① 检测结果如图3.62所示。

图 3.62

② 检测结果分析：样品经染色后呈黄棕色，纤维细胞腔宽大，细胞壁较薄，纤维端部较钝，中部变化不大，纤维壁表面附着有晶体颗粒物质，符合韧皮纤维的形态特征，推测造纸原料为皮浆。

(21)《出庆阳》石彦龙披风外层衣角纸样。

① 检测结果如图3.63所示。

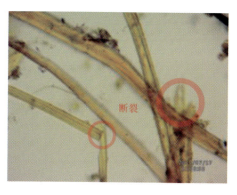

图 3.63

② 检测结果分析：样品经染色后呈黄色，纤维细胞为细长的管状细胞，端部呈肘形、刀形，壁上有具缘纹孔，晚材纤维呈柱状，早材纤维呈扁平的带状，管胞与木射线组成交叉场，纤维壁上有具缘纹孔，符合木材纤维的形态特征，推测

造纸原料为木浆。

(22)《出庆阳》木阁后背板底部纸样。

① 检测结果如图3.64所示。

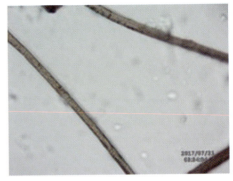

图 3.64

② 检测结果分析:样品经染色后呈黄色,纤维细胞为细长的管状细胞,端部呈肘形、刀形,壁上有具缘纹孔,晚材纤维呈柱状,早材纤维呈扁平的带状,管胞与木射线组成交叉场,纤维壁上有具缘纹孔,符合木材纤维的形态特征,推测造纸原料为木浆。

(23)《出庆阳》杨太后袖口处纸样。

① 检测结果如图3.65所示。

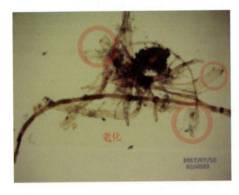

图 3.65

② 检测结果分析:样品经染色后呈黄色,纤维细胞为细长的管状细胞,端部呈肘形、刀形,壁上有具缘纹孔,晚材纤维呈柱状,早材纤维呈扁平的带状,管胞与木射线组成交叉场,纤维壁上有具缘纹孔,符合木材纤维的形态特征,推测造纸原料为木浆。

(24)《出庆阳》杨太后黑衣脱落残块纸样。

① 检测结果如图 3.66 所示。

图 3.66

② 检测结果分析:样品经染色后呈黄色,纤维细胞为细长的管状细胞,端部呈肘形、刀形,壁上有具缘纹孔,晚材纤维呈柱状,早材纤维呈扁平的带状,管胞与木射线组成交叉场,纤维壁上有具缘纹孔,符合木材纤维的形态特征,推测造纸原料为木浆。

(25)《出庆阳》李广鞭垂条纸样。

① 检测结果如图 3.67 所示。

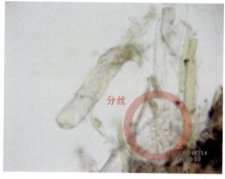

图 3.67

② 检测结果分析:样品经染色后呈黄色,纤维较细短,杂细胞较少,导管分子有明显的舌状尾部的形态特征,导管分子侧壁上有纹孔,符合阔叶木材纤维的形态特征,推测造纸原料为阔叶木浆。

(26)《出庆阳》李广背部红色脱落纸样。

① 检测结果如图 3.68 所示。

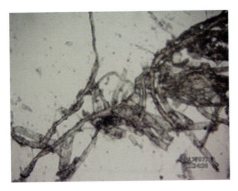 

图 3.68

② 检测结果分析:样品经染色后呈黄棕色,纤维细胞腔宽大,细胞壁较薄,纤维端部较钝,中部变化不大,纤维壁表面附着有晶体颗粒物质,符合韧皮纤维的形态特征,推测造纸原料为皮浆。

(27)《出庆阳》李广手鞭红纸穗纸样。

① 检测结果如图 3.69 所示。

图 3.69

② 检测结果分析:样品经染色后呈黄色,纤维为交叉螺旋裂隙纹状,有木射线细胞,纤维表面有纹孔,符合针叶木材纤维的形态特征,推测造纸原料为针叶木浆。

(28)《三虎庄》呼延庆右脚靴黑色裹纸纸样。

① 检测结果如图 3.70 所示。

② 检测结果分析:样品经染色后呈绿色,纤维较为僵硬,少弯曲现象,纤维壁较厚,腔径较小,有竹特有的大导管,符合竹纤维的形态特征,推测造纸原料为竹浆。

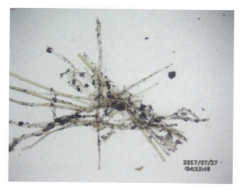 

图 3.70

(29)《三虎庄》呼延庆右腿绿色裤角纸样。

① 检测结果如图 3.71 所示。

 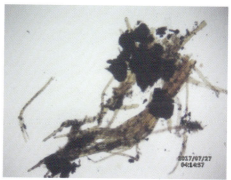

图 3.71

② 检测结果分析:样品经染色后呈黄棕色,纤维细胞腔宽大,细胞壁较薄,纤维端部较钝,中部变化不大,纤维壁表面附着有晶体颗粒物质,符合韧皮纤维的形态特征,推测造纸原料为皮浆。

(30)《三虎庄》呼延庆右腿裤外层纸质脱落纸样。

① 检测结果如图 3.72 所示。

② 检测结果分析:样品经染色后呈黄色,纤维细胞为细长的管状细胞,端部呈肘形、刀形,壁上有具缘纹孔,晚材纤维呈柱状,早材纤维呈扁平的带状,管胞与木射线组成交叉场,纤维壁上有具缘纹孔,符合木材纤维的形态特征,推测造纸原料为木浆。

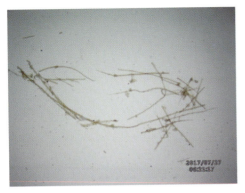

图 3.72

(31)《三虎庄》呼延庆右腿脱落纸样。

① 检测结果如图 3.73 所示。

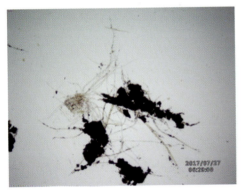
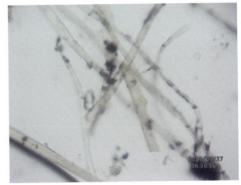

图 3.73

② 检测结果分析:样品经染色后呈黄色,纤维胞腔明显,纤维壁腔比较大,且观察到明显的锯齿细胞,符合草纤维的形态特征,推测造纸原料为草浆。

(32)《三虎庄》呼延庆左肩兰紫衣下层纸样。

① 检测结果如图 3.74 所示。

② 检测结果分析:样品经染色后呈黄棕色,纤维细胞腔宽大,细胞壁较薄,纤维端部较钝,中部变化不大,纤维壁表面附着有晶体颗粒物质,符合韧皮纤维的形态特征,推测造纸原料为皮浆。

 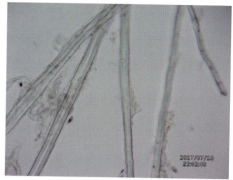

图 3.74

(33)《三虎庄》呼延庆左肩外衣纸样。

① 检测结果如图 3.75 所示。

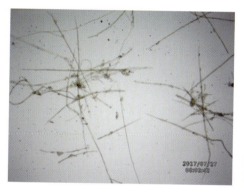 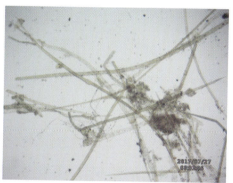

图 3.75

② 检测结果分析:样品经染色后呈绿色,纤维较为僵硬,少弯曲现象,纤维壁较厚,腔径较小,有竹特有的大导管,符合竹纤维的形态特征,推测造纸原料为竹浆。

(34)《三虎庄》呼延庆左肩内衣纸样。

① 检测结果如图 3.76 所示。

② 检测结果分析:样品经染色后呈黄色,纤维胞腔明显,纤维壁腔比较大,且观察到明显的锯齿细胞,符合草纤维的形态特征,推测造纸原料为草浆。

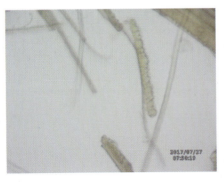
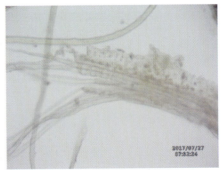

图 3.76

(35)《三虎庄》呼延庆腹部黄色裹纸纸样。

① 检测结果如图 3.77 所示。

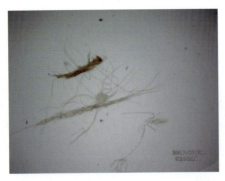

图 3.77

② 检测结果分析:样品经染色后呈黄色,纤维胞腔明显,纤维壁腔比较大,且观察到明显的锯齿细胞,符合草纤维的形态特征,推测造纸原料为草浆。

(36)《三虎庄》呼延庆后背蓝紫外衣纸样。

① 检测结果如图 3.78 所示。

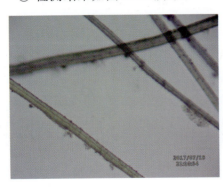
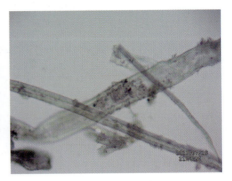

图 3.78

② 检测结果分析:样品经染色后呈绿色,纤维较为僵硬,少弯曲现象,纤维壁较厚,腔径较小,有竹特有的大导管,符合竹纤维的形态特征,推测造纸原料为竹浆。

(37)《三虎庄》孟强袖口白色花边纸样。

① 检测结果如图 3.79 所示。

 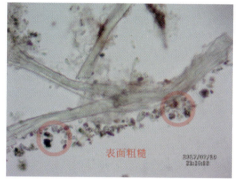

图 3.79

② 检测结果分析:样品经染色后呈黄色,纤维粗大且柔软扭曲,纵节纹较多,纤维多分丝帚化,符合麻纤维的形态特征,推测造纸原料为麻浆。

(38)《三虎庄》孟强白色领口内层纸样。

① 检测结果如图 3.80 所示。

 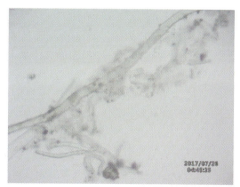

图 3.80

② 检测结果分析:样品经染色后呈黄色,纤维胞腔明显,纤维壁腔比较大,且观察到明显的锯齿细胞,符合草纤维的形态特征,推测造纸原料为草浆。

(39)《三虎庄》孟强脱落红纸纸样。

① 检测结果如图 3.81 所示。

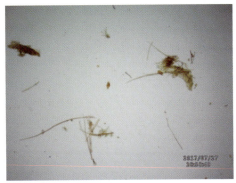

图 3.81

② 检测结果分析:样品经染色后呈黄色,纤维胞腔明显,纤维壁腔比较大,且观察到明显的锯齿细胞,符合草纤维的形态特征,推测造纸原料为草浆。

(40)《三虎庄》孟强右臂草上裹纸样。

① 检测结果如图 3.82 所示。

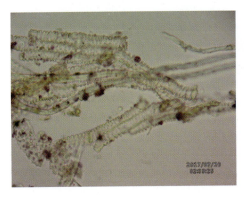

图 3.82

② 检测结果分析:样品经染色后呈黄色,纤维胞腔明显,纤维壁腔比较大,且观察到明显的锯齿细胞,符合草纤维的形态特征,推测造纸原料为草浆;除部分锯齿细胞一边有齿外,还有两边都有锯齿的,齿形大小均匀,为芦苇的显著特征,因此该样品造纸原料中含有芦苇。

(41)《三虎庄》焦玉上衣外层脱落纸样。

① 检测结果如图 3.83 所示。

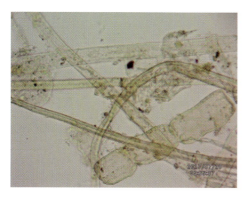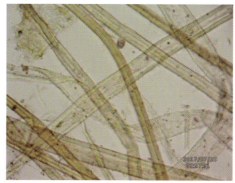

图 3.83

② 检测结果分析:样品经染色后呈黄色,纤维细胞为细长的管状细胞,端部呈肘形、刀形,壁上有具缘纹孔,晚材纤维呈柱状,早材纤维呈扁平的带状,管胞与木射线组成交叉场,纤维壁上有具缘纹孔,符合木材纤维的形态特征,推测造纸原料为木浆。

(42)《三虎庄》焦玉上衣内第二层纸样。

① 检测结果如图 3.84 所示。

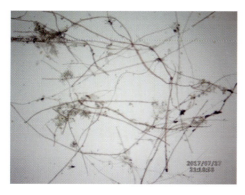

图 3.84

② 检测结果分析:样品经染色后呈黄棕色,纤维细胞腔宽大,细胞壁较薄,纤维端部较钝,中部变化不大,纤维壁表面附着有晶体颗粒物质,符合韧皮纤维的形态特征,推测造纸原料为皮浆。

(43)《三虎庄》焦玉上衣最内层纸样。

① 检测结果如图 3.85 所示。

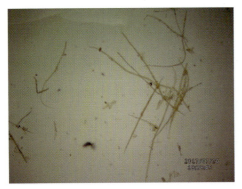 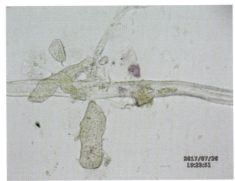

图 3.85

② 检测结果分析:样品经染色后呈黄色,纤维较细短,杂细胞较少,导管分子有明显的舌状尾部的形态特征,导管分子侧壁上有纹孔,符合阔叶木材纤维的形态特征,推测造纸原料为阔叶木浆。

(44)《三虎庄》焦玉靴子剖面贴纸纸样。

① 检测结果如图 3.86 所示。

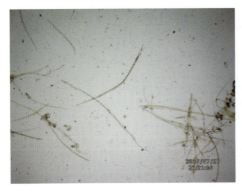 

图 3.86

② 检测结果分析:样品经染色后呈黄色,纤维细胞为细长的管状细胞,端部呈肘形、刀形,壁上有具缘纹孔,晚材纤维呈柱状,早材纤维呈扁平的带状,管胞与木射线组成交叉场,纤维壁上有具缘纹孔,符合木材纤维的形态特征,推测造纸原料为木浆。

(45)《三虎庄》焦玉靴上部贴纸纸样。

① 检测结果如图 3.87 所示。

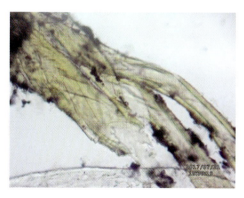 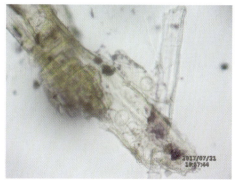

图 3.87

② 检测结果分析:样品经染色后呈黄色,纤维为交叉螺旋裂隙纹状,有木射线细胞,纤维表面有纹孔,符合针叶木材纤维的形态特征,推测造纸原料为针叶木浆。

(46)《三虎庄》焦玉裤子脱落纸样。

① 检测结果如图 3.88 所示。

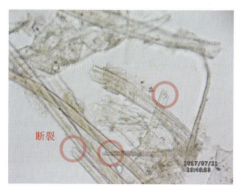 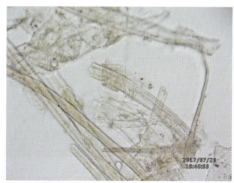

图 3.88

② 检测结果分析:样品经染色后呈黄色,纤维较细短,杂细胞较少,导管分子有明显的舌状尾部的形态特征,导管分子侧壁上有纹孔,符合阔叶木材纤维的形态特征,推测造纸原料为阔叶木浆。

(47)《三虎庄》焦玉足部铁丝裹纸纸样。

① 检测结果如图 3.89 所示。

 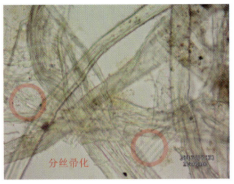

图 3.89

② 检测结果分析:样品经染色后呈黄色,纤维粗大且柔软扭曲,纵节纹较多,纤维多分丝帚化,符合麻纤维的形态特征,推测造纸原料为麻浆。

(48)《借伞》和尚裤子脱落纸样。

① 检测结果如图 3.90 所示。

图 3.90

② 检测结果分析:样品经染色后呈黄色,纤维为交叉螺旋裂隙纹状,有木射线细胞,纤维表面有纹孔,符合针叶木材纤维的形态特征,推测造纸原料为针叶木浆。

(49)《借伞》许仙蓝袍脱落纸屑样品。

① 检测结果如图 3.91 所示。

图 3.91

② 检测结果分析:样品经染色后呈绿色,纤维较为僵硬,少弯曲现象,纤维壁较厚,腔径较小,有竹特有的大导管,符合竹纤维的形态特征,推测造纸原料为竹浆。

(50)《双带箭》公主盖脚裙脱落纸样。

① 检测结果如图 3.92 所示。

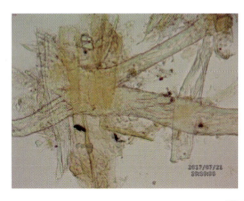 

图 3.92

② 检测结果分析:样品经染色后呈黄色,纤维为交叉螺旋裂隙纹状,有木射线细胞,纤维表面有纹孔,符合针叶木材纤维的形态特征,推测造纸原料为针叶木浆。

(51)《双带箭》李密淡棕袍脱落纸样。

① 检测结果如图 3.93 所示。

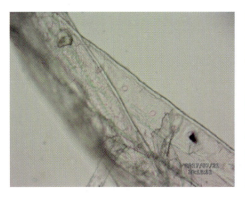 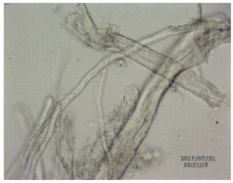

图 3.93

② 检测结果分析:样品经染色后呈黄色,纤维为交叉螺旋裂隙纹状,有木射线细胞,纤维表面有纹孔,符合针叶木材纤维的形态特征,推测造纸原料为针叶木浆。

(52)《双带箭》王伯当裤腿边纸样。

① 检测结果如图 3.94 所示。

 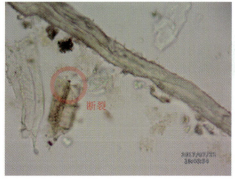

图 3.94

② 检测结果分析:样品经染色后呈黄色,纤维为交叉螺旋裂隙纹状,有木射线细胞,纤维表面有纹孔,符合针叶木材纤维的形态特征,推测造纸原料为针叶木浆。

(53)《邓家堡》欧阳春红衣脱落纸样。

① 检测结果如图 3.95 所示。

 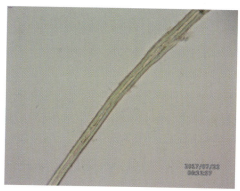

图 3.95

② 检测结果分析:样品经染色后呈绿色,纤维光滑细密,杂细胞含量较少,纤维壁厚腔薄,纤维较为僵硬,很少有弯曲现象,符合竹纤维的形态特征,推测造纸原料为竹浆。

(54)《邓家堡》邓车外衣外层纸样。

① 检测结果如图 3.96 所示。

 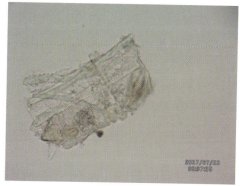

图 3.96

② 检测结果分析:样品经染色后呈黄色,纤维多聚成一团,不易分散,纤维长度较短,两端尖削,中段宽度变化不大,多呈圆柱状,杂细胞较多,并且存在锯齿状的表皮细胞,符合草纤维的形态特征,推测造纸原料为草浆。

(55)《邓家堡》邓车外衣内层纸样。

① 检测结果如图 3.97 所示。

图 3.97

② 检测结果分析:样品经染色后呈黄色,纤维壁薄腔厚,有明显纹孔,符合木材纤维的形态特征,推测造纸原料为木浆。

(56)《邓家堡》花蝴蝶裤腿纸样。

① 检测结果如图 3.98 所示。

 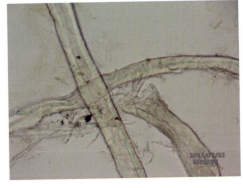

图 3.98

② 检测结果分析:样品经染色后呈黄色,纤维为交叉螺旋裂隙纹状,有木射线细胞,纤维表面有纹孔,符合针叶木材纤维的形态特征,推测造纸原料为针叶木浆。

(57)《邓家堡》木阁背板纸样。

① 检测结果如图 3.99 所示。

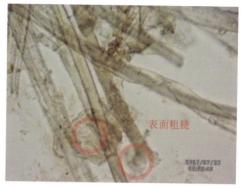

图 3.99

② 检测结果分析:样品经染色后呈黄色,纤维壁薄腔厚,有明显纹孔,符合木材纤维的形态特征,推测造纸原料为木浆。

(58)《战洛阳》罗成手中枪裹纸黑色纸样。

① 检测结果如图 3.100 所示。

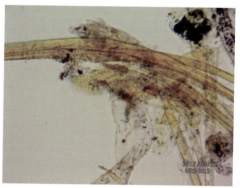

图 3.100

② 检测结果分析:样品经染色后呈黄色,纤维多聚成一团,不易分散;纤维多呈圆柱状,长度较短,两端尖削,中段宽度变化不大,杂细胞较多,并且存在锯齿状的表皮细胞,符合草纤维的形态特征,推测造纸原料为草浆。

(59)《战洛阳》徐茂公衣袍纸样。

① 检测结果如图 3.101 所示。

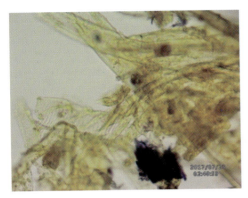 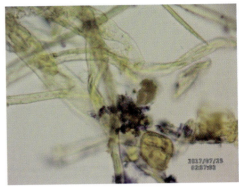

图 3.101

② 检测结果分析:纤维染色后呈黄色。纤维上有明显的纹孔,纤维为交叉螺旋裂隙纹纤维,符合针叶木纤维的形态特征,因此该样品含有针叶木浆。

(60)《铁钉床》罗夫人裤子纸样。

① 检测结果如图 3.102 所示。

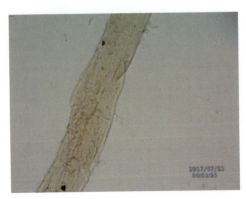 

图 3.102

② 检测结果分析:样品经染色后呈黄色,纤维为交叉螺旋裂隙纹状,有木射线细胞,纤维表面有纹孔,符合针叶木材纤维的形态特征,推测造纸原料为针叶木浆。

(61)《铁钉床》罗夫人上衣纸样。

① 检测结果如图 3.103 所示。

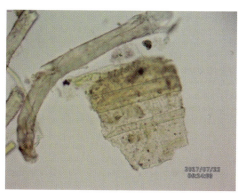

图 3.103

② 检测结果分析:样品经染色后呈黄色,纤维为交叉螺旋裂隙纹状,有木射线细胞,纤维表面有纹孔,符合针叶木材纤维的形态特征,推测造纸原料为针叶木浆。

(62)《铁钉床》马刚黑衣纸样。

① 检测结果如图 3.104 所示。

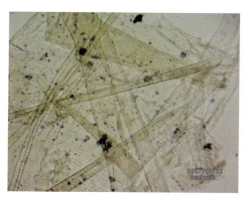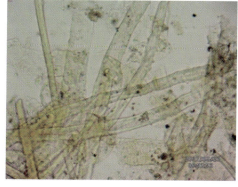

图 3.104

② 检测结果分析:样品经染色后呈黄色,纤维壁薄腔厚,有明显纹孔,符合木材纤维的形态特征,推测造纸原料为木浆。

(63)《铁钉床》脱落纸样。

① 检测结果如图 3.105 所示。

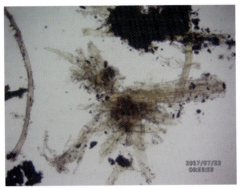

图 3.105

② 检测结果分析:样品经染色后呈黄色,纤维壁薄腔厚,有明显纹孔,符合木材纤维的形态特征,推测造纸原料为木浆。

(64)《岳飞北征》地板上掉落纸渣纸样。

① 检测结果如图 3.106 所示。

图 3.106

② 检测结果分析:样品经染色后呈黄色,纤维壁薄腔厚,有明显纹孔,符合木材纤维的形态特征,推测造纸原料为木浆。

(65)《岳飞北征》乳母袖口脱落纸样。

① 检测结果如图 3.107 所示。

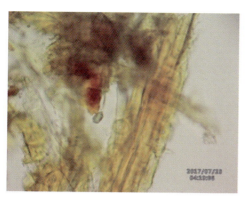 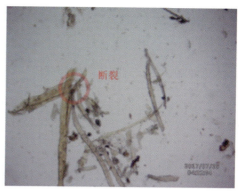

图 3.107

② 检测结果分析:样品经染色后呈黄色,纤维腔明显,细胞壁上有明显的具缘纹孔,导管侧壁有纹孔侧向延伸成长的狭条梯状纹孔,符合阔叶木材纤维的形态特征,推测造纸原料为阔叶木浆。

(66)《岳飞北征》王佐黑袍纸样。

① 检测结果如图 3.108 所示。

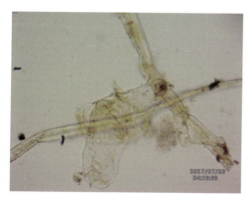 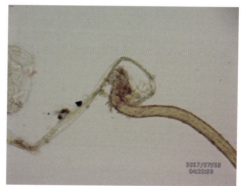

图 3.108

② 检测结果分析:样品经染色后呈黄色,纤维为交叉螺旋裂隙纹状,有木射线细胞,纤维表面有纹孔,符合针叶木材纤维的形态特征,推测造纸原料为针叶木浆。

(67)《满床笏》脱落纸屑纸样。

① 检测结果如图 3.109 所示。

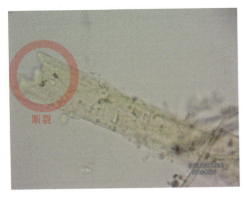 

图 3.109

② 检测结果分析:样品经染色后呈黄色,纤维中度涂布,多聚成一团,较难分散;纤维壁薄腔厚,有明显纹孔,符合木材纤维的形态特征,推测造纸原料为木浆。

(68)《满床笏》郭爱袖口纸样。

① 检测结果如图 3.110 所示。

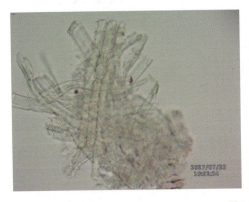 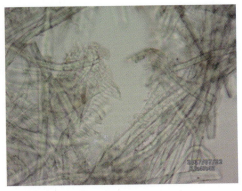

图 3.110

② 检测结果分析:样品经染色后呈黄色,纤维断裂严重,多聚成一团,不易分散;纤维胞腔明显,纤维壁腔比较大,且观察到明显的锯齿细胞,符合草纤维的形态特征,推测造纸原料为草浆。

(69)《满床笏》郭爱裹颈圈纸样。

① 检测结果如图 3.111 所示。

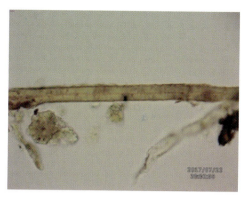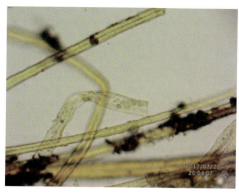

图 3.111

② 检测结果分析:样品经染色后呈绿色,纤维光滑细密,尾端尖细,杂细胞含量较少,纤维壁厚腔薄,纤维壁腔比大,纤维较为僵硬,很少有弯曲现象,有竹特有的大导管,纤维上有横节纹,符合竹纤维的形态特征,推测造纸原料为竹浆。

(70)《满床笏》郭爱系帽檐绳纸样。

① 检测结果如图 3.112 所示。

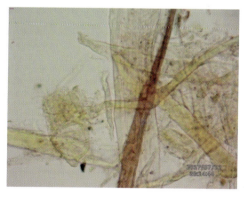

图 3.112

② 检测结果分析:样品经染色后呈黄色,纤维较细短,杂细胞较少,导管分子有明显的舌状尾部的形态特征,导管分子侧壁上有纹孔,符合阔叶木材纤维的形态特征,推测造纸原料为阔叶木浆。

(71)《八义图》赵武红裤脱落纸样。

① 检测结果如图 3.113 所示。

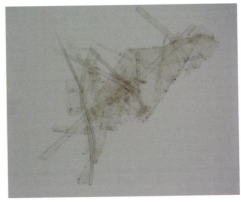

图 3.113

② 检测结果分析:样品经染色后呈绿色,纤维周围多颗粒状物质,纤维较为僵硬,少弯曲现象,纤维壁较厚,腔径较小,有竹特有的大导管,符合竹纤维的形态特征,推测造纸原料为竹浆。

(72)《八义图》赵武右护腿纸样。

① 检测结果如图 3.114 所示。

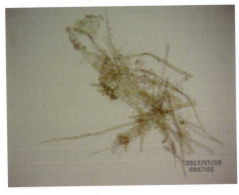

图 3.114

② 检测结果分析:样品经染色后呈绿色,纤维较为僵硬,少弯曲现象,纤维壁较厚,腔径较小,有竹特有的大导管,符合竹纤维的形态特征,推测造纸原料为竹浆。

(73)《八义图》朝厥红袍脱落纸样。

① 检测结果如图 3.115 所示。

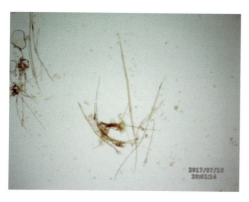
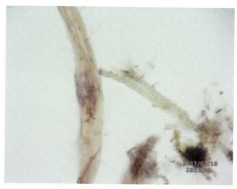

图 3.115

② 检测结果分析:样品经染色后呈黄色,纤维多聚成一团,不易分散;纤维多呈圆柱状,长度较短,两端尖削,中段宽度变化不大,杂细胞较多,并且存在锯齿状的表皮细胞,符合草纤维的形态特征,推测造纸原料为草浆。

(74)《狐狸缘》家童蓝袍内层衣物纸样。

① 检测结果如图 3.116 所示。

图 3.116

② 检测结果分析:样品经染色后呈红色,纤维多呈细长柱状,细胞腔明显,纤维壁腔比小,杂细胞较少,外壁挂有胶衣,且纤维上有横节纹,符合韧皮纤维的形态特征,推测造纸原料为皮浆。

(75)《狐狸缘》家童蓝袍纸样。

① 检测结果如图 3.117 所示。

图 3.117

② 检测结果分析:样品经染色后呈黄色,纤维多聚成一团,不易分散;纤维多呈圆柱状,长度较短,两端尖削,中段宽度变化不大,杂细胞较多,并且存在锯齿状的表皮细胞,符合草纤维的形态特征,推测造纸原料为草浆。

(76)《金台将》邹妃裤脚脱落纸样。

① 检测结果如图 3.118 所示。

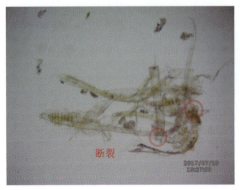 

图 3.118

② 检测结果分析:样品经染色后呈黄色,纤维中度涂布,多聚成一团,较难分散;纤维壁薄腔厚,有明显纹孔,符合木材纤维的形态特征,推测造纸原料为木浆。

(77)《黄鹤楼》刘备衣服残块纸样。

① 检测结果如图 3.119 所示。

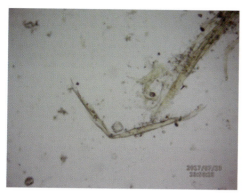 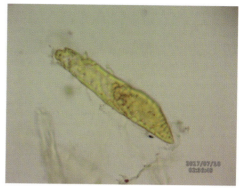

图 3.119

② 检测结果分析:样品经染色后呈黄色,纤维中度涂布,多聚成一团,较难分散;纤维壁薄腔厚,有明显纹孔,符合木材纤维的形态特征,推测造纸原料为木浆。

(78)《黄鹤楼》周瑜红衣纸样。

① 检测结果如图 3.120 所示。

 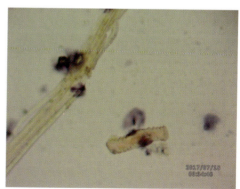

图 3.120

② 检测结果分析:样品经染色后呈黄色,纤维重度涂布,不易分散,纤维周围多为黑黄色颗粒状物质,且被填涂物包裹,纤维有染潢的迹象;纤维多呈圆柱状,长度较短,两端尖削,中段宽度变化不大,杂细胞较多,并且存在锯齿状的表皮细胞,符合草纤维的形态特征,推测造纸原料为草浆。

(79)《鸿门宴》项庄胡须纸样。

① 检测结果如图 3.121 所示。

 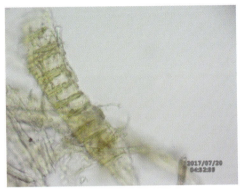

图 3.121

② 检测结果分析:样品经染色后呈黄色,纤维为交叉螺旋裂隙纹状,有木射线细胞,纤维表面有纹孔,符合针叶木材纤维的形态特征,推测造纸原料为针叶木浆。

(80)《游寺》红娘裤腿纸样。

① 检测结果如图 3.122 所示。

 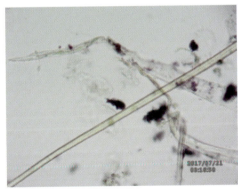

图 3.122

② 检测结果分析:样品经染色后呈绿色,纤维较为僵硬,少弯曲现象,纤维壁较厚,腔径较小,有竹特有的大导管,符合竹纤维的形态特征,推测造纸原料为竹浆。

(81)《游寺》张生下袍内裹纸纸样。

① 检测结果如图 3.123 所示。

 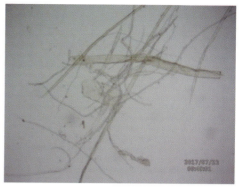

图 3.123

② 检测结果分析:样品经染色后呈黄色,纤维多呈圆柱状,长度较短,两端尖削,中段宽度变化不大,杂细胞较多,并且存在锯齿状的表皮细胞,符合草纤维的形态特征,推测造纸原料为草浆。

(82)《春秋笔》徐羡之头部羽毛旁纸样。

① 检测结果如图 3.124 所示。

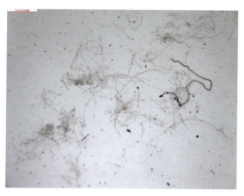 

图 3.124

② 检测结果分析:样品经染色后呈黄色,纤维多呈圆柱状,长度较短,两端尖削,中段宽度变化不大,杂细胞较多,并且存在锯齿状的表皮细胞,符合草纤维的形态特征,推测造纸原料为草浆。

(83)《春秋笔》徐羡之棕色上衣纸样。

① 检测结果如图 3.125 所示。

图 3.125

② 检测结果分析:样品经染色后呈黄色,纤维中度涂布,多聚成一团,较难分散;纤维壁薄腔厚,有明显纹孔,符合木材纤维的形态特征,推测造纸原料为木浆。

(84)《恶虎村》武天虬黑大衣外层纸样。

① 检测结果如图 3.126 所示。

图 3.126

② 检测结果分析:样品经染色后呈黄色,纤维粗大且柔软扭曲,纵节纹较多,纤维多分丝帚化,符合麻纤维的形态特征,推测造纸原料为麻浆。

(85)《狐狸缘》家童上衣内层纸样。

① 检测结果如图 3.127 所示。

图 3.127

② 检测结果分析:样品经染色后呈黄色,纤维多呈圆柱状,长度较短,两端尖削,中段宽度变化不大,杂细胞较多,并且存在锯齿状的表皮细胞,符合草纤维的形态特征,推测造纸原料为草浆。

(86)《困铜台》杨六郎红衣袍纸样。

① 检测结果如图 3.128 所示。

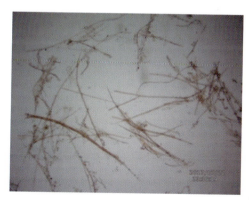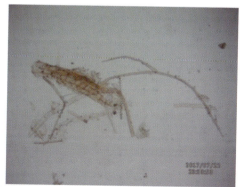

图 3.128

② 检测结果分析:样品经染色后呈黄色,纤维粗大且柔软扭曲,纵节纹较多,纤维多分丝帚化,符合麻纤维的形态特征,推测造纸原料为麻浆。

(87)《冀阳关》岑彭右臂外浅蓝色纸样。

① 检测结果如图 3.129 所示。

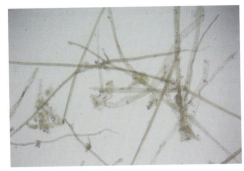

图 3.129

② 检测结果分析:样品经染色后呈绿色,纤维较为僵硬,少弯曲现象,纤维壁较厚,腔径较小,有竹特有的大导管,符合竹纤维的形态特征,推测造纸原料为竹浆。

(88)《冀阳关》背板书法作品纸样。

① 检测结果如图 3.130 所示。

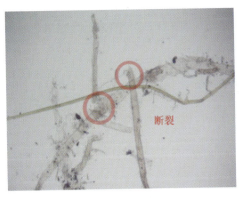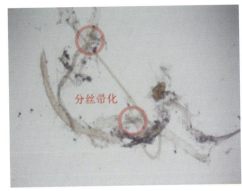

图 3.130

② 检测结果分析:样品经染色后呈黄色,纤维粗大且柔软扭曲,纵节纹较多,纤维多分丝帚化,符合麻纤维的形态特征,推测造纸原料为麻浆。

(89)《冀阳关》邓禹上衣下缘贴花纸样。

① 检测结果如图 3.131 所示。

图 3.131

② 检测结果分析:样品经染色后呈黄色,纤维粗大且柔软扭曲,纵节纹较多,纤维多分丝帚化,符合麻纤维的形态特征,推测造纸原料为麻浆。

(90)《冀阳关》岑母粉色上衣外层纸样。

① 检测结果如图 3.132 所示。

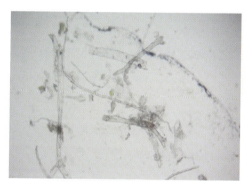 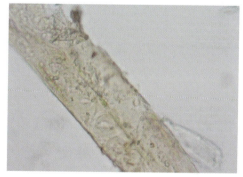

图 3.132

② 检测结果分析:样品经染色后呈黄色,纤维为交叉螺旋裂隙纹状,有木射线细胞,纤维表面有纹孔,符合针叶木材纤维的形态特征,推测造纸原料为针叶木浆。

(91)《冀阳关》岑彭衣领内侧白纸纸样。

① 检测结果如图 3.133 所示。

② 检测结果分析:样品经染色后呈黄色,纤维胞腔明显,纤维壁腔比较大,且观察到明显的锯齿细胞,符合草纤维的形态特征,推测造纸原料为草浆。

(92)《冀阳关》岑母肩头所露黄色草纸纸样。

① 检测结果如图 3.134 所示。

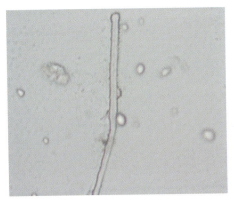
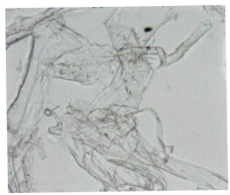

图 3.133

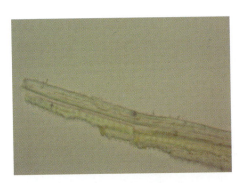
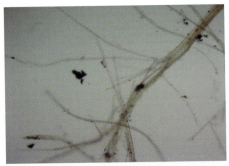

图 3.134

② 检测结果分析:样品经染色后呈黄色,纤维胞腔明显,纤维壁腔比较大,且观察到明显的锯齿细胞,符合草纤维的形态特征,推测造纸原料为草浆。

(93)《冀阳关》岑彭衣领红色纸样。

① 检测结果如图 3.135 所示。

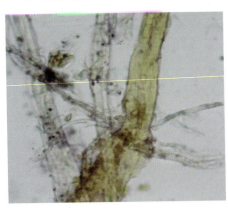
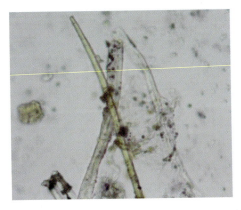

图 3.135

② 检测结果分析:样品经染色后呈黄色,纤维为交叉螺旋裂隙纹状,有木射线细胞,纤维表面有纹孔,符合针叶木材纤维的形态特征,推测造纸原料为针叶木浆。

(94)《冀阳关》岑母右裤脚纸样。

① 检测结果如图 3.136 所示。

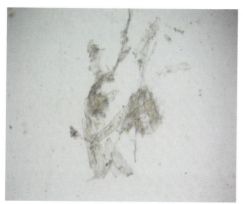
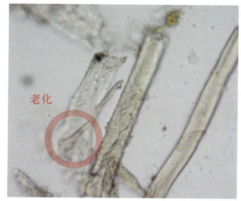

图 3.136

② 检测结果分析:样品经染色后呈黄色,纤维较细短,杂细胞较少,导管分子有明显的舌状尾部的形态特征,导管分子侧壁上有纹孔,符合阔叶木材纤维的形态特征,推测造纸原料为阔叶木浆。

(95)《冀阳关》岑彭下裙外裙纸样。

① 检测结果如图 3.137 所示。

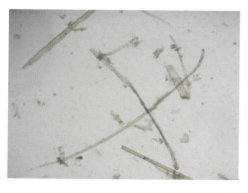
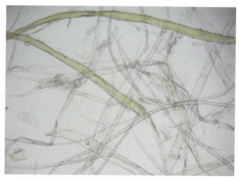

图 3.137

② 检测结果分析。蓝色纸:样品经染色后呈绿色,纤维较为僵硬,少弯曲现象,纤维壁较厚,腔径较小,有竹特有的大导管,符合竹纤维的形态特征,推

测造纸原料为竹浆。白色纸：样品经染色后呈黄色，纤维胞腔明显，纤维壁腔比较大，且观察到明显的锯齿细胞，符合草纤维的形态特征，推测造纸原料为草浆。

(96)《冀阳关》岑母左手袖口贴纸纸样。

① 检测结果如图 3.138 所示。

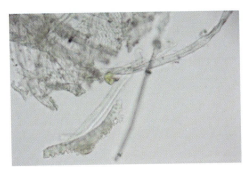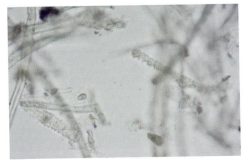

图 3.138

② 检测结果分析：样品经染色后呈黄色，纤维胞腔明显，纤维壁腔比较大，且观察到明显的锯齿细胞，符合草纤维的形态特征，推测造纸原料为草浆。

(97)《冀阳关》岑母衣领内侧纸样。

① 检测结果如图 3.139 所示。

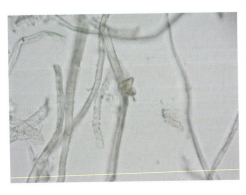

图 3.139

② 检测结果分析：样品经染色后呈黄色，纤维胞腔明显，纤维壁腔比较大，且观察到明显的锯齿细胞，符合草纤维的形态特征，推测造纸原料为草浆。

(98)《冀阳关》邓禹披风外层纸样。

① 检测结果如图 3.140 所示。

 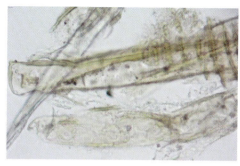

图 3.140

② 检测结果分析:样品经染色后呈黄色,纤维细胞为细长的管状细胞,端部呈肘形、刀形,壁上有具缘纹孔,晚材纤维呈柱状,早材纤维呈扁平的带状,管胞与木射线组成交叉场,纤维壁上有具缘纹孔,符合木材纤维的形态特征,推测造纸原料为木浆。

(99)《冀阳关》彭程肩部外层贴纸纸样。

① 检测结果如图 3.141 所示。

 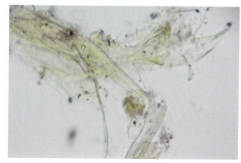

图 3.141

② 检测结果分析:样品经染色后呈黄色,纤维细胞为细长的管状细胞,端部呈肘形、刀形,壁上有具缘纹孔,晚材纤维呈柱状,早材纤维呈扁平的带状,管胞与木射线组成交叉场,纤维壁上有具缘纹孔,符合木材纤维的形态特征,推测造纸原料为木浆。

(100)《出庆阳》石彦龙上衣襟纸样。

① 检测结果如图 3.142 所示。

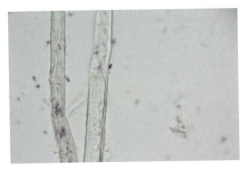

图 3.142

② 检测结果分析:样品经染色后呈黄色,纤维细胞为细长的管状细胞,端部呈肘形、刀形,壁上有具缘纹孔,晚材纤维呈柱状,早材纤维呈扁平的带状,管胞与木射线组成交叉场,纤维壁上有具缘纹孔,符合木材纤维的形态特征,推测造纸原料为木浆。

(101)《出庆阳》石彦龙裤腿外层纸样。

① 检测结果如图 3.143 所示。

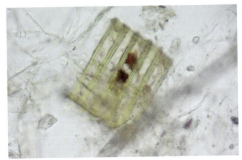

图 3.143

② 检测结果分析:样品经染色后呈黄色,纤维细胞为细长的管状细胞,端部呈肘形、刀形,壁上有具缘纹孔,晚材纤维呈柱状,早材纤维呈扁平的带状,管胞与木射线组成交叉场,纤维壁上有具缘纹孔,符合木材纤维的形态特征,推测造纸原料为木浆。

(102)《出庆阳》石彦龙披风外层纸样。

① 检测结果如图 3.144 所示。

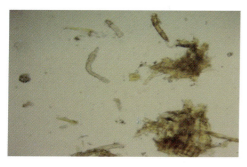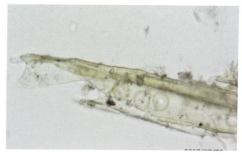

图 3.144

② 检测结果分析:样品经染色后呈黄色,纤维细胞为细长的管状细胞,端部呈肘形、刀形,壁上有具缘纹孔,晚材纤维呈柱状,早材纤维呈扁平的带状,管胞与木射线组成交叉场,纤维壁上有具缘纹孔,符合木材纤维的形态特征,推测造纸原料为木浆。

(103)《出庆阳》石彦龙马鞭纸穗纸样。

① 检测结果如图 3.145 所示。

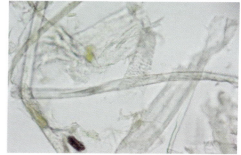

图 3.145

② 检测结果分析:样品经染色后呈黄色,纤维细胞为细长的管状细胞,端部呈肘形、刀形,壁上有具缘纹孔,晚材纤维呈柱状,早材纤维呈扁平的带状,管胞与木射线组成交叉场,纤维壁上有具缘纹孔,符合木材纤维的形态特征,推测造纸原料为木浆。

(104)《出庆阳》石彦龙披风内层纸样。

① 检测结果如图 3.146 所示。

② 检测结果分析:样品经染色后呈绿色,纤维较为僵硬,少弯曲现象,纤维壁较厚,腔径较小,有竹特有的大导管,符合竹纤维的形态特征,推测造纸原料为竹浆。

图 3.146

(105)《溪皇庄》彭公黑上袍袍边纸样。

① 检测结果如图 3.147 所示。

图 3.147

② 检测结果分析:样品经染色后呈黄色,纤维较细短,杂细胞较少,导管分子有明显的舌状尾部的形态特征,导管分子侧壁上有纹孔,符合阔叶木材纤维的形态特征,推测造纸原料为阔叶木浆。

(106)《溪皇庄》尹亮倒地裤子内层纸样。

① 检测结果如图 3.148 所示。

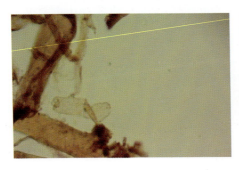

图 3.148

② 检测结果分析:样品经染色后呈黄色,纤维胞腔明显,纤维壁腔比较大,且观察到明显的锯齿细胞,符合草纤维的形态特征,推测造纸原料为草浆。

(107)《溪皇庄》褚彪裤外层纸样。

① 检测结果如图 3.149 所示。

图 3.149

② 检测结果分析:样品经染色后呈绿色,纤维较为僵硬,少弯曲现象,纤维壁较厚,腔径较小,有竹特有的大导管,符合竹纤维的形态特征,推测造纸原料为竹浆。

(108)《斩黄袍》内侍左腿膝盖外层纸样。

① 检测结果如图 3.150 所示。

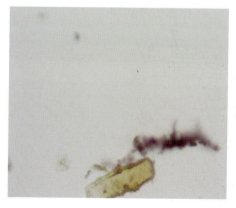

图 3.150

② 检测结果分析:样品经染色后呈黄色,纤维细胞为细长的管状细胞,端部呈肘形、刀形,壁上有具缘纹孔,晚材纤维呈柱状,早材纤维呈扁平的带状,管胞与木射线组成交叉场,纤维壁上有具缘纹孔,符合木材纤维的形态特征,推测

造纸原料为木浆。

（109）《斩黄袍》韩龙长袍素纸样。

① 检测结果如图 3.151 所示。

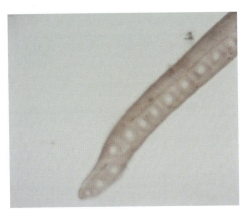

图 3.151

② 检测结果分析：样品经染色后呈黄色，纤维细胞为细长的管状细胞，端部呈肘形、刀形，壁上有具缘纹孔，晚材纤维呈柱状，早材纤维呈扁平的带状，管胞与木射线组成交叉场，纤维壁上有具缘纹孔，符合木材纤维的形态特征，推测造纸原料为木浆。

（110）《反西凉》马超右裤外层纸样。

① 检测结果如图 3.152 所示。

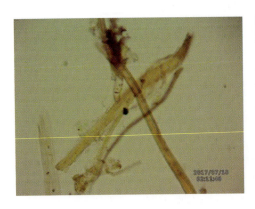
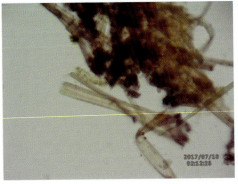

图 3.152

② 检测结果分析：样品经染色后呈黄色，纤维胞腔明显，纤维壁腔比较大，且观察到明显的锯齿细胞，符合草纤维的形态特征，推测造纸原料为草浆。

(111)《反西凉》马超右裤内层纸样。

① 检测结果如图3.153所示。

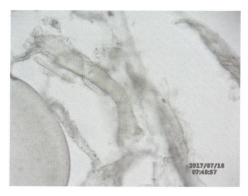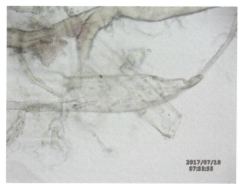

图3.153

② 检测结果分析:样品经染色后呈黄色,纤维较细短,杂细胞较少,导管分子有明显的舌状尾部的形态特征,导管分子侧壁上有纹孔,符合阔叶木材纤维的形态特征,推测造纸原料为阔叶木浆。

(112)《反西凉》马岱外衣贴花纸样。

① 检测结果如图3.154所示。

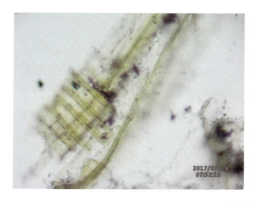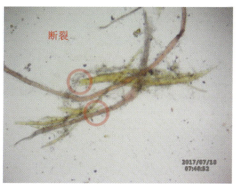

图3.154

② 检测结果分析:样品经染色后呈黄色,纤维粗大且柔软扭曲,纵节纹较多,纤维多分丝帚化,符合麻纤维的形态特征,推测造纸原料为麻浆。

(113)《反西凉》曹操红衣纸样。

① 检测结果如图3.155所示。

 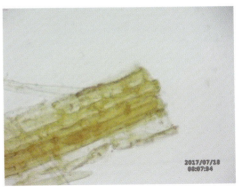

图 3.155

② 检测结果分析:样品经染色后呈黄色,纤维胞腔明显,纤维壁腔比较大,且观察到明显的锯齿细胞,符合草纤维的形态特征,推测造纸原料为草浆。

(114)《反西凉》马超左裤外层纸样。

① 检测结果如图 3.156 所示。

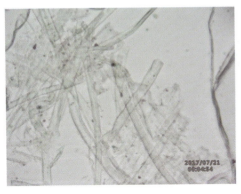 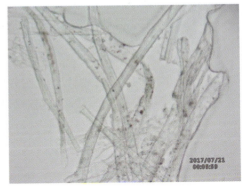

图 3.156

② 检测结果分析:样品经染色后呈黄色,纤维为交叉螺旋裂隙纹状,有木射线细胞,纤维表面有纹孔,符合针叶木材纤维的形态特征,推测造纸原料为针叶木浆。

(115)《反西凉》马岱裤子左腿内侧白纸纸样。

① 检测结果如图 3.157 所示。

② 检测结果分析:样品经染色后呈黄色,纤维为交叉螺旋裂隙纹状,有木射线细胞,纤维表面有纹孔,符合针叶木材纤维的形态特征,推测造纸原料为针叶木浆。

图 3.157

2. 纺织品及毛发检测

(1)《出庆阳》李广胸前黑色纺织品样品。

① 样品图片如图 3.158 所示。

图 3.158

② 检测结果如图 3.159 所示。

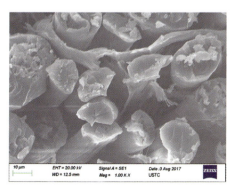 

图 3.159

③ 检测结果分析:样品纤维表面污染物较多,经乙醇清洗后,样品纤维可见,样品纤维天然转曲,转曲沿纤维呈不规则状。以火棉胶包埋观察样品横截面,呈腰圆形并带有中腔,推测样品为棉纤维织品。

(2)《铁钉床》木柜上纺织品样品。

① 样品图片如图 3.160 所示。

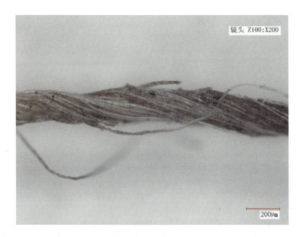

图 3.160

② 检测结果如图 3.161 所示。

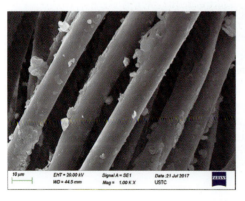 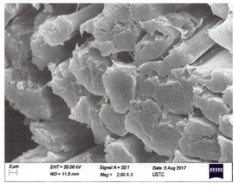

图 3.161

③ 检测结果分析:样品纤维表面光滑,粗细一致,纤维顺直,推测为丝纤维织品。

(3)《冀阳关》岑彭腰带纺织品样品。

① 样品图片如图 3.162 所示。

图 3.162

② 检测结果如图 3.163 所示。

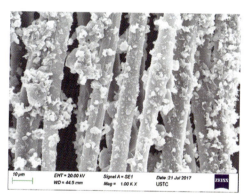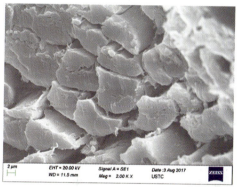

图 3.163

③ 检测结果分析:样品纤维表面污染物较多,经乙醇清洗,样品纤维表面光滑,粗细一致,推测为丝纤维织品。

(4)《三疑计》翠花粉色头花纺织品样品。

① 样品图片如图 3.164 所示。

② 检测结果如图 3.165 所示。

③ 检测结果分析:样品纤维表面光滑,粗细一致,纤维顺直,推测为丝纤维织品。

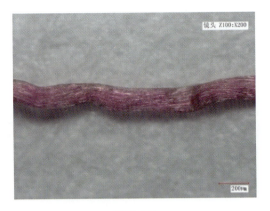

图 3.164

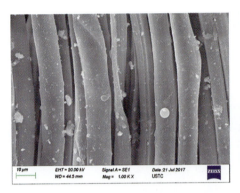

图 3.165

(5)《邓家堡》欧阳春红须样品。

① 样品图片如图 3.166 所示。

图 3.166

② 检测结果如图 3.167 所示。

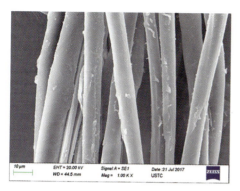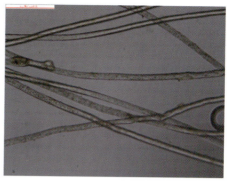

图 3.167

③ 检测结果分析：样品纤维表面光滑，粗细一致，纤维顺直，推测为丝织品。

(6)《赶龙船》周善黑色胡须样品。

① 样品图片如图 3.168 所示。

图 3.168

② 检测结果如图 3.169 所示。

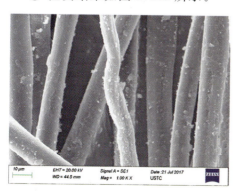

图 3.169

③ 检测结果分析:样品纤维表面光滑,粗细一致,纤维顺直,推测为丝纤维织品。

(7)《出庆阳》石彦龙腰带蓝色纺织品样品。

① 样品图片如图 3.170 所示。

图 3.170

② 检测结果如图 3.171 所示。

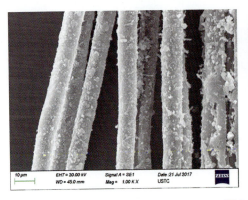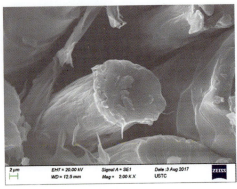

图 3.171

③ 检测结果分析:样品纤维表面光滑,粗细一致,纤维顺直,推测为丝纤维织品。

(8)《金台将》太监拂尘样品。

① 样品图片如图 3.172 所示。

② 检测结果如图 3.173 所示。

图 3.172

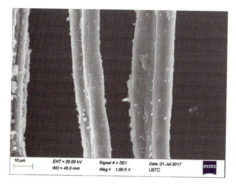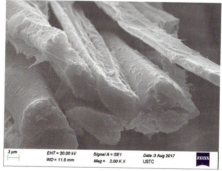

图 3.173

③ 检测结果分析:样品纤维表面光滑,粗细一致,纤维顺直,推测为丝纤维织品。

(9)《碧玉环》男性胡须样品。

① 样品图片如图 3.174 所示。

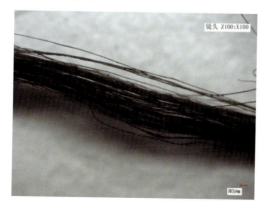

图 3.174

② 检测结果如图 3.175 所示。

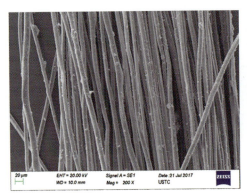

图 3.175

③ 检测结果分析：样品纤维表面光滑，粗细一致，纤维顺直，推测为丝纤维织品。

(10)《冀阳关》岑母胸前黑色纺织物样品。

① 检测结果如图 3.176 所示。

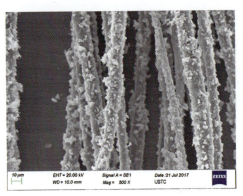

图 3.176

② 检测结果分析：样品纤维表面污染物较多，经乙醇清洗，样品纤维表面光滑，粗细一致，推测为丝纤维织品。

(11)《反棠邑》苍头蓝色腰带样品。

① 样品图片如图 3.177 所示。

② 检测结果如图 3.78 所示。

③ 检测结果分析：样品纤维天然转曲，转曲沿纤维呈不规则状，推测为棉纤维织品。

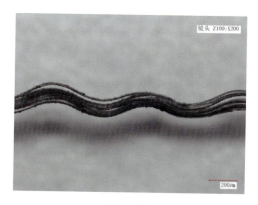

图 3.177

图 3.178

(12)《邓家堡》包公背后围幕红色纺织品样品。

① 样品图片如图 3.179 所示。

图 3.179

② 检测结果如图 3.180 所示。

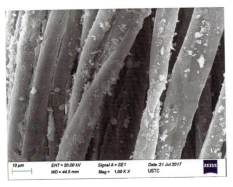

图 3.180

③ 检测结果分析:样品纤维天然转曲,转曲沿纤维呈不规则状,推测为棉纤维织品。

(13)《邓家堡》包公背后围幕上垂条样品。

① 样品图片如图 3.181 所示。

图 3.181

② 检测结果如图 3.182 所示。

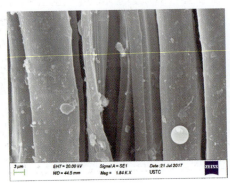

图 3.182

③ 检测结果分析:样品纤维表面光滑,粗细一致,纤维顺直,推测为丝纤维织品。

(14)《赶龙船》脱落残留纤维样品。

① 样品图片如图3.183所示。

图 3.183

② 检测结果如图3.184所示。

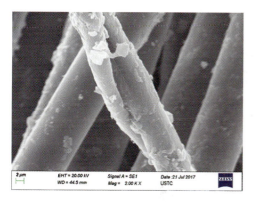

图 3.184

③ 检测结果分析:样品纤维天然转曲,转曲沿纤维呈不规则状,推测为棉纤维织品。

(15)《赶龙船》赵云帽两侧飘带样品。

① 样品图片如图3.185所示。

② 检测结果如图3.186所示。

图 3.185

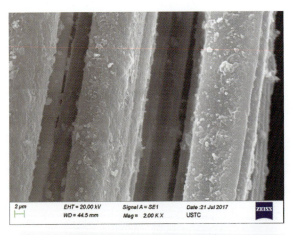

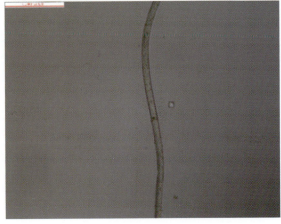

图 3.186

③ 检测结果分析:样品纤维表面光滑,粗细一致,纤维顺直,推测为丝纤维织品。

(16)《游寺》崔莺莺腰带絮状物样品。

① 样品图片如图 3.187 所示。

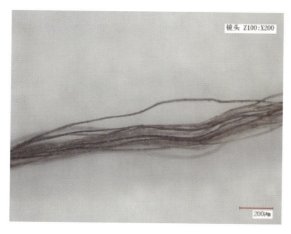

图 3.187

② 检测结果如图 3.188 所示。

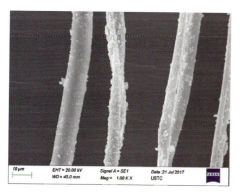
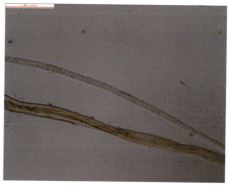

图 3.188

③ 检测结果分析:部分样品纤维表面光滑,粗细一致,纤维顺直,推测为丝纤维;其余样品纤维天然转曲,转曲沿纤维呈不规则状,推测为棉纤维织品。推测样品为丝绵混织物。

(17)《游寺》崔莺莺腰带纺织品样品。

① 样品图片如图 3.189 所示。

图 3.189

② 检测结果如图 3.190 所示。

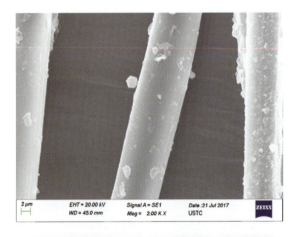

图 3.190

③ 检测结果分析:样品纤维表面光滑,粗细一致,纤维顺直,推测为丝纤维织品。

(18)《冀阳关》邓禹腰带纺织样品。

① 样品图片如图 3.191 所示。

图 3.191

② 检测结果如图 3.192 所示。

③ 检测结果分析:样品纤维表面光滑,粗细一致,纤维顺直,推测为丝纤维织品。

图 3.192

(19)《冀阳关》脱落棉絮、草绳样品。

① 样品图片如图 3.193 所示。

② 检测结果如图 3.194 所示。

③ 检测结果分析:棉絮样品纤维天然转曲,转曲沿纤维呈不规则状,推测

为棉纤维纸品;草绳样品纤维较短,有明显草类横节纹。

图 3.193

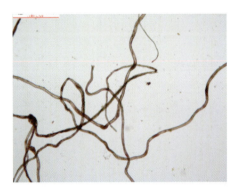
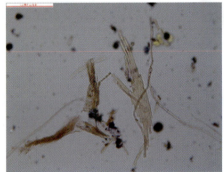

图 3.194

(20)《冀阳关》脱落的衣须样品。

① 样品图片如图 3.195 所示。

图 3.195

② 检测结果如图 3.196 所示。

图 3.196

③ 检测结果分析:样品内部存在具缘纹孔,推测为松柏类木质纸制品。

(21)《岳飞北征》乳母头发样品。

① 检测结果如图 3.197 所示。

② 检测结果分析:样品纤维顺直、较细,有鳞片且密度大,横截面为圆形,推测为毛类纤维。

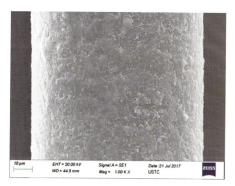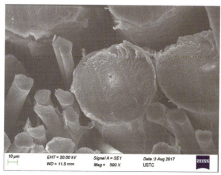

图 3.197

(22)《出庆阳》脱落物样品。

① 检测结果如图 3.198 所示。

② 检测结果分析:样品纤维表面一定程度受损,表面鳞片呈不规则状,横截面近椭圆形,实心。因此该黑色纤维样品应为动物毛发。

(23)《出庆阳》杨太后头发样品。

① 检测结果如图 2.199 所示。

② 检测结果分析:样品纤维表面一定程度受损,表面鳞片呈不规则状,横截面近椭圆形,实心。因此该样品应为动物毛发。

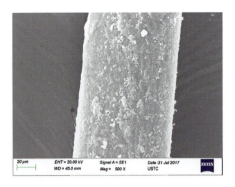 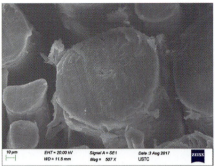

图 3.198

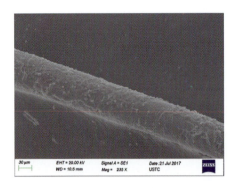 

图 3.199

3. 金属饰品样品检测

(1)《困铜台》杨六郎帽贴金脱落物样品。

① 检测结果如图 3.200、表 3.3 所示。

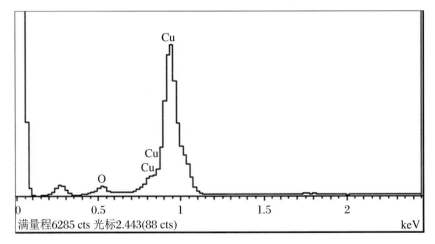

图 3.200 《困铜台》杨六郎帽贴金 EDS 谱图

表3.3 《困铜台》杨六郎帽贴金成分

项目＼元素	O	Cu
重量	4.29%	95.71%
原子	15.11%	84.89%

② 检测结果分析：由以上数据可知，该金属箔片样品是铜箔，样品中的少量氧应该是铜表面氧化造成的。

(2)《三疑计》唐通帽翅金箔样品。

① 检测结果如图3.201、表3.4所示。

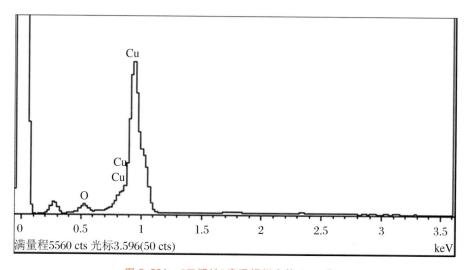

图3.201 《三疑计》唐通帽翅金箔EDS谱图

表3.4 《三疑计》唐通帽翅金箔成分

项目＼元素	O	Cu
重量	5.21%	94.79%
原子	17.91%	82.09%

② 检测结果分析：由以上数据可知，该金属箔片样品是铜箔，样品中的少量氧应该是铜表面氧化造成的。

(3)《三疑计》唐通剑样品。

① 检测结果如图3.202、表3.5所示。

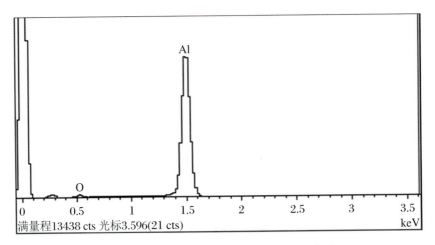

图 3.202 《三疑计》唐通剑表面包层 EDS 谱图

表 3.5 《三疑计》唐通剑表面包层成分

元素 项目	O	Al
重量	3.56%	96.44%
原子	5.86%	94.14%

② 检测结果分析:由以上数据可知,该金属箔片样品是铝箔,样品中的少量氧应该是铝箔表面氧化造成的。由于电解铝的发明时间不早于 1886 年,由此可以推知该铝箔样品不会早于 1886 年。

(4)《困铜台》杨六郎冠金箔样品。

① 检测结果如图 3.203、表 3.6 所示。

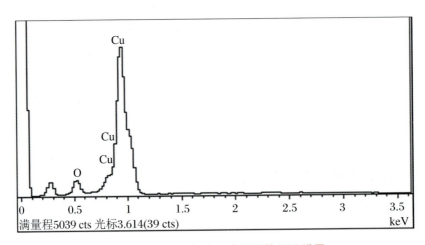

图 3.203 《困铜台》杨六郎冠金箔 EDS 谱图

表 3.6 《困铜台》杨六郎冠金箔成分

项目 \ 元素	O	Cu
重量	9.37%	90.63%
原子	29.12%	70.88%

② 检测结果分析:由以上数据可知,该金属箔片样品是铜箔,样品中的少量氧应该是铜箔表面氧化造成的。

4. 骨架及填充物样品监测

(1)《黄鹤楼》周瑜身体脱落插签样品。

① 检测结果如图 3.204 所示。

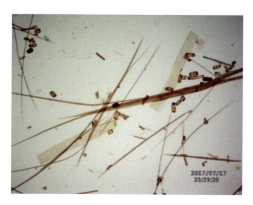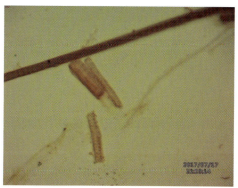

图 3.204

② 检测结果分析:样品经染色后呈黄色,纤维较为僵硬,很少有弯曲现象;薄壁细胞和石细胞体积较小,形状相似,多呈枕形及腰鼓形,杆状细胞极少;导管分子较为粗大,两端开口,端壁平直,具网状纹孔,孔径大小和分布都很均匀;网壁细胞满布网状纹孔,宽度和纤维相似,为竹纤维所独有,据此推测该样品为竹。

(2)《反西凉》马超裆部填充草类样品。

① 检测结果如图 3.205 所示。

② 检测结果分析:样品经染色后呈黄色,纤维较短较细,壁腔比比较小;杂细胞含量较多,形状多呈枕形、椭圆形、方形,无杆状薄壁细胞;表皮细胞锯齿端不甚尖削,据此推测该样品为稻草。

(3)《游寺》崔莺莺脖颈处竹签样品。

① 检测结果如图 3.206 所示。

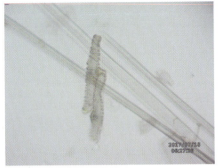

图 3.205

图 3.206

② 检测结果分析:样品经染色后呈黄色,纤维较为僵硬,很少有弯曲现象;薄壁细胞和石细胞体积较小,形状相似,多呈枕形及腰鼓形,杆状细胞极少;导管分子较为粗大,端壁平直,具网状纹孔,孔径大小和分布都很均匀;网壁细胞满布网状纹孔,宽度和纤维相似,为竹纤维所独有,据此推测该样品为竹。

(4)《游寺》崔莺莺扎身草样品。

① 检测结果如图 3.207 所示。

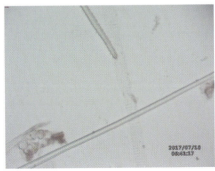

图 3.207

② 检测结果分析：样品经染色后呈黄色，纤维较短较细，壁腔比比较小；杂细胞含量较多，无杆状薄壁细胞；表皮细胞较细长，锯齿端不甚尖削，据此推测该样品为稻草。

(5)《三虎庄》焦玉右脚铁丝上裹草样品。

① 检测结果如图3.208所示。

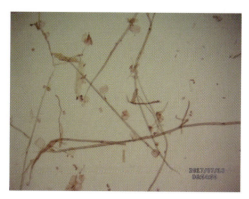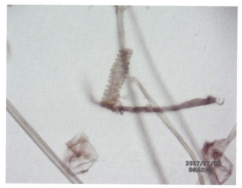

图 3.208

② 检测结果分析：样品经染色后呈黄色，纤维较短较细，壁腔比比较小；杂细胞含量较多，形状多呈枕形、椭圆形、方形，无杆状薄壁细胞；表皮细胞锯齿端不甚尖削，据此推测该样品为稻草。

(6)《黄鹤楼》周瑜身体填草样品。

① 检测结果如图3.209所示。

图 3.209

② 检测结果分析：样品经染色后呈黄色，纤维较短较细，壁腔比比较小；杂细胞含量较多，形状多呈枕形、椭圆形、方形，无杆状薄壁细胞；表皮细胞体积

小,锯齿端不甚尖削,据此推测该样品为稻草。

(7)《反西凉》桌架木质样品。

① 检测结果如图 3.210 所示。

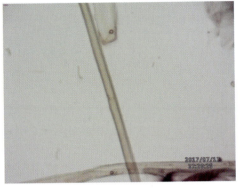

图 3.210

② 检测结果分析:样品经染色后呈黄色,该样品中纤维较短较细,壁腔比比较小;有大量杂细胞,细胞壁甚薄,多呈球形,据此推测该样品为高粱秆。

(8)《游寺》崔莺莺草秆捆绳样品。

① 检测结果如图 3.211 所示。

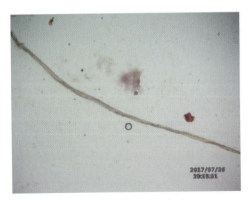
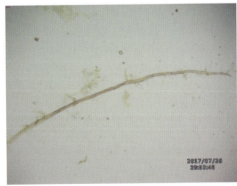

图 3.211

② 检测结果分析:样品经染色后呈红色,纤维较长,不同区段宽窄不均,两头渐尖,且纤维多柔软扭曲,纤维有明显的横节纹,且纵节纹较多,这是麻的特征,据此推测该样品为麻。

5. 泥塑材质样品检测

(1)《游寺》沙弥右脚鞋土质残块样品。

① 粒度分析如图 3.212 所示。

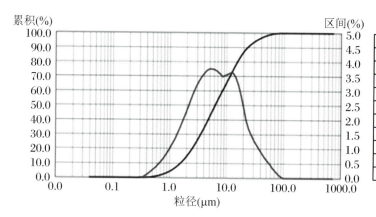

图 3.212 《游寺》沙弥右脚鞋土质残块粒径分布曲线

② 成分分析如图 3.213 所示。

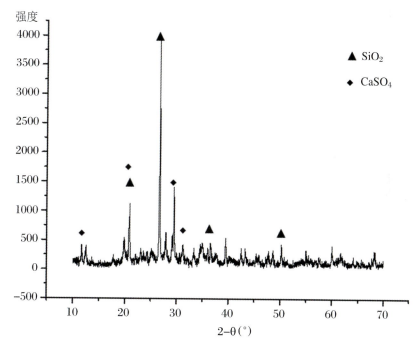

图 3.213 《游寺》沙弥右脚鞋土质残块 XRD 谱图

③ 检测结果分析：由以上结果分析，该土样的粒径分布均匀，大部分分布在 2—10 μm，最大粒径小于 200 μm，土样颗粒细腻，其中含有石英和石膏等矿物。

(2)《三虎庄》孟强靴子土质残块样品。

① 粒度分析检测结果如图 3.214 所示。

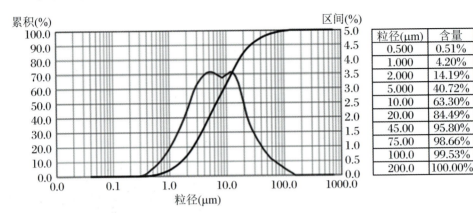

图 3.214 《三虎庄》孟强靴子土质残块粒径分布曲线

② 成分分析如图 3.215 所示。

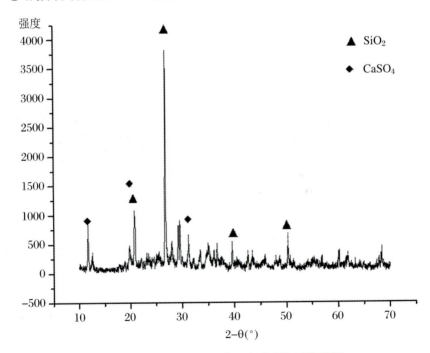

图 3.215 《三虎庄》孟强靴子土质残块 XRD 谱图

③ 检测结果分析：由以上结果分析，该土样的粒径分布均匀，大部分分布在 2—10 μm，最大粒径小于 200 μm，土样颗粒细腻，其中含有石英和石膏等矿物。

(3)《三虎庄》焦玉手指土质脱落块样品。

① 粒度分析如图 3.216 所示。

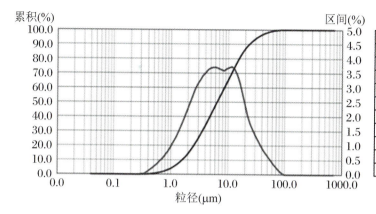

图 3.216 《三虎庄》焦玉手指土质脱落块粒径分布曲线

② 检测结果分析:由以上数据知,该土样的粒径分布均匀,大部分分布在 2—10 μm,最大粒径小于 100 μm,其颗粒细腻,其中含有石英、石膏和白云母等矿物。

(4)《冀阳关》岑彭脱落土质残块样品。

① 检测结果如图 3.217 所示。

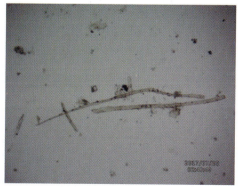

图 3.217

② 粒度分析如图 3.218 所示。

③ 成分分析如图 3.219 所示。

④ 检测结果分析:样品中的纤维经染色后呈黄色,粗大且柔软扭曲,纵节纹较多,纤维多分丝帚化,符合麻纤维的形态特征,推测样品中含麻纤维。

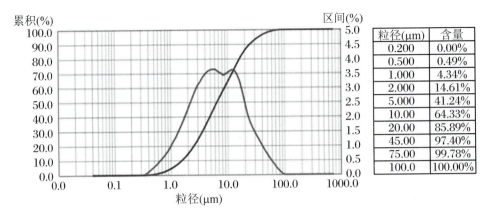

图 3.218 《冀阳关》岑彭脱落土质残块粒径分布曲线

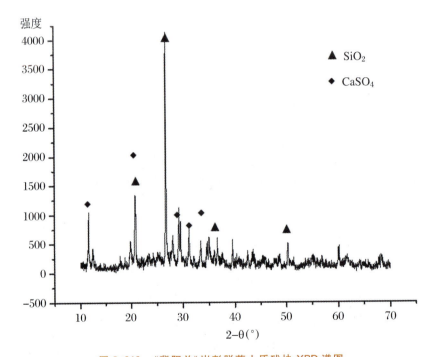

图 3.219 《冀阳关》岑彭脱落土质残块 XRD 谱图

该土样的粒径分布均匀,大部分分布在 2—10 μm,最大粒径小于 100 μm,土样颗粒细腻,其中含有石英和石膏等矿物,并掺杂麻纤维以提高塑土强度。

(5)《反西凉》马岱衣领内泥土样品。

① 检测结果如图 3.220 所示。

② 成分分析如图 3.221 所示。

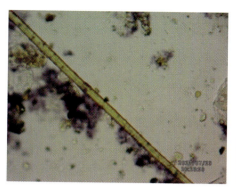
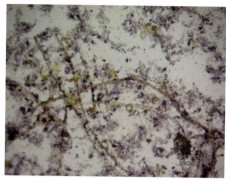

图 3.220

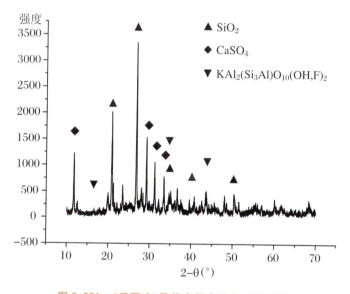

图 3.221 《反西凉》马岱衣领内泥土 XRD 谱图

③ 检测结果分析:样品中的纤维经染色后呈黄色,粗大且柔软扭曲,纵节纹较多,纤维多分丝帚化,符合麻纤维的形态特征,推测样品中含麻纤维。

该土样的粒径分布均匀,大部分分布在 2—10 μm,最大粒径小于 100 μm,土样颗粒细腻,其中含有石英和石膏等矿物,并掺杂麻纤维以提高塑土强度。

(6)《反西凉》马超右足泥质样品。

① 检测结果如图 3.222 所示。

② 检测结果分析:样品中的纤维经染色后呈黄色,纤维胞腔明显,纤维壁腔比较大,且观察到明显的锯齿细胞,符合草纤维的形态特征。

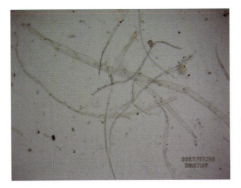
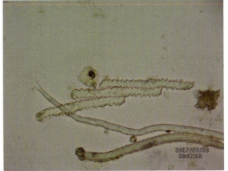

图 3.222

(7)《三虎庄》脱落物样品。

① 检测结果如图 3.223 所示。

② 粒度分析如图 3.224 所示。

③ 成分分析如图 3.225 所示。

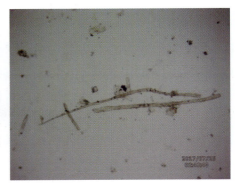

图 3.223

粒径(μm)	含量
0.500	0.46%
1.000	4.01%
2.000	13.80%
5.000	40.48%
10.00	64.90%
20.00	85.08%
45.00	95.84%
75.00	98.60%
100.00	99.51%
200.0	100.00%

图 3.224 《三虎庄》脱落物粒径分布曲线

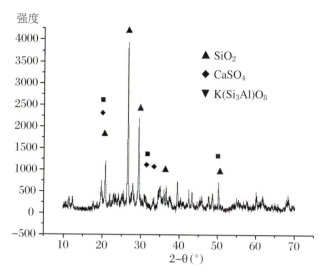

图 3.225 《三虎庄》脱落物 XRD 谱图

④ 检测结果分析:样品中的纤维经染色后呈黄色,纤维粗大且柔软扭曲,纵节纹较多,纤维多分丝帚化,符合麻纤维的形态特征,推测样品中含麻纤维。

由以上数据知,该土样的粒径分布均匀,大部分分布在 2—10 μm,最大粒径小于 200 μm,土样颗粒细腻,其中含有石英、石膏、长石等矿物。

6. 颜料样品检测

(1)《游寺》张生左手颜料层样品。

① 检测结果如图 3.226 所示。

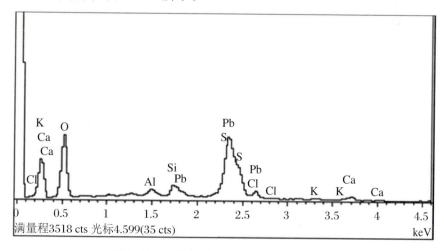

图 3.226 《游寺》张生左手颜料层 EDS 谱图

② 成分分析如表 3.7 所示。

表 3.7 《游寺》张生左手颜料层成分

元素 项目	O	Al	Si	S	Cl	Pb
重量	20.51%	1.51%	3.36%	3.77%	3.27%	67.58%
原子	65.32%	2.8%	5.99%	5.9%	4.63%	15.36%

③ 检测结果分析：该样品含有较多的铅，可能含有铅丹、铅白等含铅的矿物颜料。

(2)《赶龙船》赵云鼻子颜料层样品。

① 检测结果如图 3.227 所示。

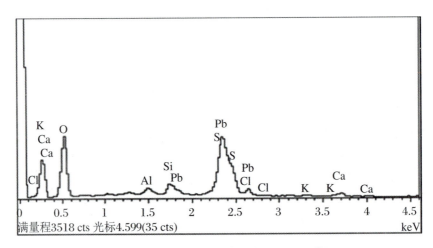

图 3.227 《赶龙船》赵云鼻子颜料层 EDS 谱图

② 成分分析如表 3.8 所示。

表 3.8 《赶龙船》赵云鼻子颜料层成分

元素 项目	O	Al	Si	S	Cl	K	Ca	Pb
重量	29.4%	1.42%	2.85%	5.19%	2.27%	1%	2.54%	55.33%
原子	71.4%	2.04%	3.95%	6.29%	2.49%	0.99%	2.46%	10.38%

③ 检测结果分析：该样品含有较多的铅，可能含有含铅的矿物颜料，样品呈淡粉色，可能是由铅丹混合白色颜料调配而成。

7. 污染物检测

检测样品为《黄鹤楼》刘备衣领的灰尘。

① 样品图片如图 3.228 所示。

图 3.228

② 污染物显微观察如图 3.229 所示。

50× 　　　　　　　　　　　　　　200×

图 3.229

③ 污染物 XRD 图如图 3.230 所示。

④ 检测结果分析：

a. 通过 DinoCapture 2.0 便携式显微镜观察到文物表面不同程度地堆积了污染物。在显微镜下可以看到，该污染物大部分堆积在文物表面，小部分散落在纸张纤维、颜料层等各文物组成材料中。

b. 通过 XRD 对污染物成分进行分析测试，结果显示纱阁戏人表面的污染物为灰尘。

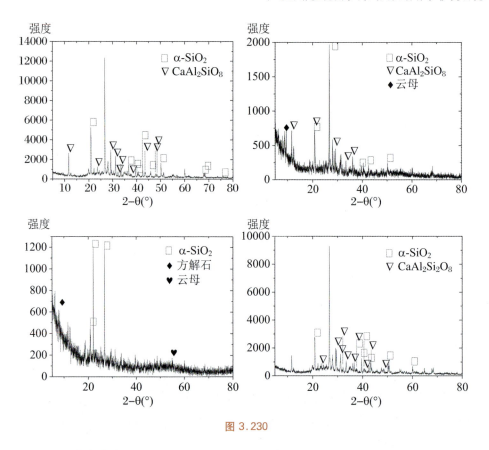

图 3.230

8. 纸质酸度检测

为了增加可对比性,项目组抽取了《冀阳关》《黄鹤楼》《反西凉》《邓家堡》等纱阁戏中的戏人进行纸质外衣酸度检测。具体检测结果如表 3.9 所示。

表 3.9　戏人纸质外衣酸度检测表

样品名称	检测结果
《邓家堡》欧阳春红衣内侧	4.32
《邓家堡》邓车披风	4.78
《邓家堡》花蝴蝶土黄上衣	4.7
《邓家堡》花蝴蝶残破裤子	5.3
《冀阳关》岑母右手袖口	5.06
《冀阳关》岑彭蓝色下裙内层	4.91
《黄鹤楼》掉落的红色纸样	4.51
《反西凉》马超外衣	5.25

续表

样品名称	检测结果
《反西凉》马超胎体草纸	6.09
《反西凉》马超裤	5.28
《黄鹤楼》刘备衣领	4.52

通过对以上纸样进行 pH 检测,结果显示多数样品 pH 低于 5,说明纸张普遍存在较为严重的酸化现象。

3.2.4 分析检测结果

对平遥清虚观藏纱阁戏人 18 阁戏人的裹纸、颜料、塑土等进行分析检测,得出如下结论:

(1) 根据采集样品检测结果,发现了竹纤维、皮纤维、麻纤维等,纸表施以云母粉,纸中填料主要包含石英、方解石、高岭土、白云石、长石等。推断纱阁戏人裹纸材料以竹纸和皮纸为主。

(2) 对颜料进行检测分析,在超景深显微镜下呈现颗粒状,拉曼图谱分别与青金石、石青、巴黎绿、炭黑图谱特征基本符合,推断其所用颜料基本上为矿物颜料。这种颜料色泽自然,不易褪色。

(3) 塑土是以石英、生石膏、绿泥石等为主要成分的黄胶泥。

(4) 装饰纺织物的材料为蚕丝。由此可见,随着清代商业和手工业的发达,市场流通快步发展,纸扎工艺所用材料可根据需要来源于全国各地乃至世界其他地方。

(5) 污染物检测结果基本为灰尘。

(6) 纸质纤维呈断裂、分丝,表面粗糙,老化较为严重。由此推断,造成纸质材料断裂、残缺、污染等病害的主要外部诱因是纱阁戏人入藏平遥清虚观前存放环境的温差大、湿度高以及灰尘多等,而内部诱因则主要为制作材料和糨糊的老化。

3.3 纱阁戏人制作工艺研究

纱阁戏人的制作采用了中国古代彩塑工艺与纸扎工艺相结合的方式,造就了独特的艺术效果。根据文物现场调查、文献资料查阅以及对 3 位平遥县纱阁戏人非物质文化遗产传承人制作经验的总结,纱阁戏人的制作工艺主要包含以下几个步骤:

3.3.1 内容设计与构图

平遥纱阁戏人的主要功能是进行民间社火表演和展示,其选择的题材来源于古代戏剧中的某个场面。

3.3.2 木阁的设计

木阁设计来源于戏剧的舞台,一方面用于安置戏人,另一方面则成为剧目展示的场景。在制作的过程中,为了展示的便利,阁子的大小需要便于摆放,且大小适当,而剧目的内容决定了戏人的数量、大小和展示形式。

平遥纱阁戏人的阁子采用松木或核桃木材料制作成大小相同的木阁,每阁高约 77.5 cm,宽约 88 cm,深 48 cm,如图 3.231 所示。

图 3.231

木阁制作完成后,根据剧情安排,在阁子内装裱与剧情内容相关的剧名牌子、表达剧情内容的壁面题词和绘制的场景图。

3.3.3 戏人的设计

木阁设计并制作完成后,根据木阁的尺寸来设计戏人的尺寸,通常以戏人可置于格子中为宜。此外,剧目的表现内容决定了戏人的数量、姿态和位置。如《三虎庄》表现的戏剧内容是宋代名臣呼延赞的后代受庞氏外戚迫害,后在包拯、八贤王以及困铜台的帮助下报仇雪恨的故事。这一戏剧故事决定了该阁戏人的人物有3类,即武旦、武生和净。

3.3.4 戏人的制作

戏人的制作,结合了中国古代彩塑和纸扎的工艺技术。戏人的头部、手部和足部主要是泥塑,而戏人的身体部分则是纸扎。

1. 头、手、足的制作

泥塑是一种用黏土塑造成各种形象的民间工艺,以岩土、麻刀、宣纸等材料为原料制成胶泥,采用模印或捏塑的方式,制作出一定的形状。

根据戏人的表现剧情及人物特征,用胶泥塑造出头、手、足造型,用石膏翻制模具,一般采用两个半模翻制出一个造型。

(1) 平遥纱阁戏人头部的制作:

① 制作面部。在备好的红胶泥中加入麻刀、宣纸,有的为减轻重量,胶泥中还加入小麦淀粉等材料,反复搓揉摔打后形成厚度约1 cm的圆片胚,再将泥片胚压进面部的半模具,制成一个厚度约0.7 cm的空壳面部,将适量棉花塞入头壳,并插入一支粗细小于脖颈、长度大约10 cm的木棒,作为头与身体的连接杆。

② 制作后脑勺。在备好的红胶泥中加入麻刀、宣纸、小麦淀粉等材料,反复搓揉摔打后形成厚度约1 cm的圆片胚,再将泥片胚压进后脑勺的半模具,制成一个厚度约0.7 cm的空壳后脑勺,将适量棉花塞入头壳。

③ 把两个半石膏模胶泥边修复整齐,在面部与后脑勺部胶泥待连接的断面上刷上泥糊作为黏合剂,将两个半模合成一体,待所制作的头部干燥一段时

间后,将其取出,适度修整。

④ 用腻子将头部刮平抛光,根据人物性别及特征上底色及进行彩绘,最后用蛋清封护面部,表现出人物面部自然光泽,使得人物的面部表情符合戏剧人物形象。

(2) 戏人手部的制作。根据剧情、人物形象以及手指的形态不同进行制作。按照泥塑的制作方式,先将可以弯曲的铁丝弯折成手型的骨架,然后将红胶泥塑在手型骨架上,进行修正,形成手指(图 3.232)。

图 3.232　纱阁戏人的头部、手部

(3) 足部的制作。主要依据鞋子的形状而定。男性戏人的鞋子主要有厚底的官靴和薄底靴子,而女性的足部则是古代妇女"三寸金莲"的样子。鞋子的制作,以泥塑的方式做出形状后,根据戏服的风格和特点进行表面装饰。将戏人骨架通过足部固定在阁子底板上。纱阁戏人的足部如图 3.233 所示。

图 3.233　纱阁戏人的足部

2. 戏人身体的制作

戏人的身体部分通过纸扎的方式制作。各个戏人由于身体造型的不同而展示不同的姿态。

（1）戏人骨架的制作：

① 骨架材料。

平遥清虚观现藏部分残损的戏人的颈部、腿部及手臂部分显示，戏人的身体主要以木质材料制作人物骨架，如木杆、竹签，形成戏人的基本形态并提供身体支撑，身体其他部分与装饰部分采用铁丝类金属材料制作。

骨架材料的材质决定了戏人后期的结构稳定性和保存的持久性。目前戏人的木质骨架状态保持较好，结构坚固，强度和韧性均保持材料初始的性能。从文物保护"最小干预"的原则出发，并未对该类材料取样检测分析。根据文献资料，纱阁戏人的骨架材料有红木、秸秆、竹木、核桃木、松木、椴木。纱阁戏人的身体骨架材料如图 3.234 所示。纱阁戏人的身体骨架所用木材特点和产地如表 3.10 所示。

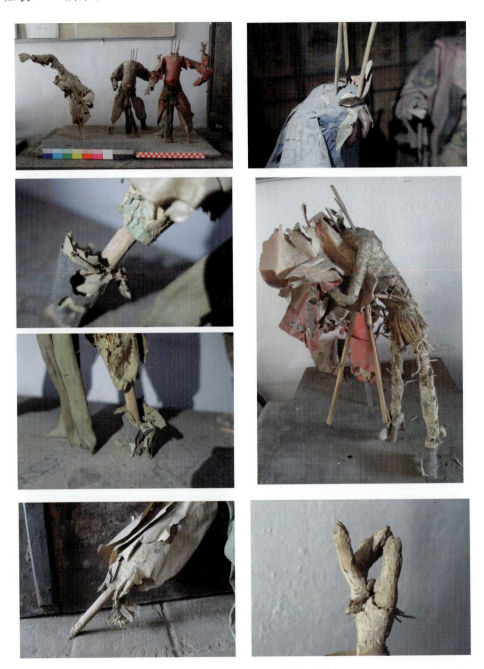

图 3.234　纱阁戏人的身体骨架材料

表 3.10　各种木材的特点和产地

名称	特点	产地
红木	颜色较深,木质较重,自身散发香味,材质较硬,强度高,耐磨,耐久性好	我国广东、云南及南洋群岛等地出产,是常见的名贵硬木。"红木"是江浙及北方流行的名称,广东一带俗称"酸枝木"
核桃木	硬度中等,纤维结构细而均匀,有较强韧性,特别是在抗震动、抗磨损方面性能优良,具有一定的耐弯曲、耐腐蚀性,但边材多需髹漆防蛀	我国华北、西北和华中等地出产,俄罗斯西伯利亚地区也有出产
松木	弹性和透气性强,质地柔韧,含油量低,而且本身的阴阳色分布均匀	我国各地均产
椴木	具有油脂,耐磨、耐腐蚀,不易开裂,木纹细,易加工,韧性强	我国东北地区(大兴安岭、小兴安岭一带)、华东地区、福建、云南

平遥清虚观藏纱阁戏人属于民间纸扎类文物,根据其用途和山西地区植物种类及专家现场确认,戏人骨架所采用的木质材料以竹竿、核桃木、秸秆和松木为主。

戏人颈部及身体插签所用的竹签,尺寸长 3—8 cm,仅仅起固定人物各部分结构的作用,而竹竿是民间常见材料,易于获得,且戏人制作用量较少,从而应用广泛。

纱阁戏人的四肢骨架材料如图 3.235 所示。

图 3.235　纱阁戏人的四肢骨架材料

图 3.235　纱阁戏人的四肢骨架材料(续)

金属丝是中国古代彩塑文物传统工艺制作中常见的材料,因其柔韧性好,易于形变,适于进行戏人局部形态的塑造,如图 3.236 所示。此外,戏人的座椅骨架以高粱秆搭建,如图 3.237 所示。

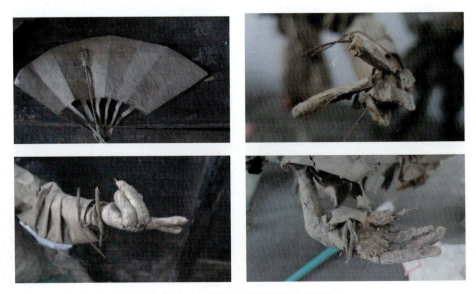

图 3.236　纱阁戏人所用的金属丝

② 制作工艺。根据人物的性别、年龄、胖瘦,确定基本尺寸和比例,采用质地坚硬的粗壮结实的木杆(部分也采用高粱秆)做出人物支架的竖立部分,戏人的腿部、肩部和胳膊用木杆及高粱秆材料制作。在此过程中,主要难点是人物的关节处,需要将骨架材料进行恰到好处的弯折和固定。

(2) 肌体制作:

① 填充材料。戏人的骨架搭建完成后,需在其表面捆扎填充材料形成人物基础造型。调查显示,戏人骨架表面的填充材料主要是植物茎秆、纸浆、岩土材料。

图 3.237　纱阁戏人座椅

纤细植物秸秆,骨节稀疏,柔韧性良好,易于弯曲造型。根据记载及专家确认,此类材料以当地所产的高粱秸秆为主。

纸浆类材料,用于包裹在植物秸秆表面,形成人物的肌肉形态。该类材料以宣纸、麻纸和草纸为主,纤维丰富,延展性好,强度高,质地轻便,可有效降低其他材料对骨架的压力,便于戏人的长久保存。

岩土材料具有良好的延展性和可塑性,主要用于制作戏人的头部、手臂及足部。戏人的头部,以传统彩塑的方式制作,或模印,或捏塑,然后再与戏人身体连接。而戏人的手臂,特别是手指,需要根据角色的要求,塑造成不同的形态。戏人的足部,固定在阁子中,主要用于稳定戏人,且还要根据戏人角色的需要,具备不同的表现形态。据记载,该类岩土材料主要是红胶泥、陶土和土沙。平遥地区属于黄河冲积平原,土质颗粒细密无杂质,具有良好的胶黏性,适于造像塑形。

纱阁戏人填充材料如图 3.238 所示。

图 3.238　纱阁戏人的填充材料

图 3.238　纱阁戏人的填充材料(续)

② 捆扎材料。纱阁戏人是纸扎类文物,捆扎材料主要固定戏人骨架。现场调查显示,平遥纱阁戏人捆扎材料主要是纸绳、铁丝、麻绳,特别是以纸包裹的铁丝,在戏人的手腕处常见(图 3.239)。文献记载,戏人的捆扎所用的麻类材料有生麻、麻绳、麻刀,纸类有麻纸、宣纸类。

图 3.239　纱阁戏人的捆扎材料

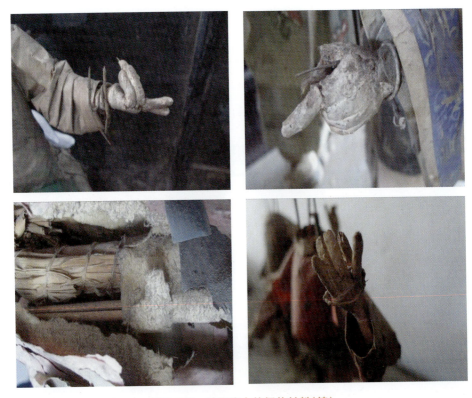

图 3.239　纱阁戏人的捆扎材料(续)

③ 制作工艺。骨架制作完成后,需要给人物填充肌肉组织。将提前备好的麦秆、谷草类材料整理整齐后,包裹在骨架表面,然后用麻绳之类的材料将其牢固捆绑,使骨架与人物填充材料充分融为一体,使人物变得丰满充盈。

在麦秆、谷草等填充材料所形成的戏人肌肉组织的表面,采用较厚的纸浆层进行包裹,形成表面平整的戏人"肌肉"表层,如图 3.240 所示。该层纸浆包裹材料质轻、易于根据戏人的姿态进行体型和身段的塑造,使戏人更具有鲜活的"人"的表现力。调查显示,对于不需要对人物服装提供支撑的部分,如戏人的肩部、腹部和腿部,通常采用纸浆包裹材料,而后期需要对人物服装提供支撑的部分,则在纸浆的表面涂抹泥层,做出更加精细的局部,如人物飘扬的衣袖、提起的足部。

图 3.240　纱阁戏人的"肌肉"表层

由戏人残损的断面可见人物所填充的草秆,首先采用麻绳、纸绳、铁丝材料捆扎、固定,使其牢固依附于戏人骨架。而在纸浆和草秆之间,采用长度约 5 cm 的竹签,以榫卯的方式将纸浆材料固定在草秆上,使得填充材料成为一个整体,有利于人物内部组织的完整和结构稳定,如图 3.241 所示。而在部分泥层的内部,以泥塑制作的方式,将草绳缠绕在骨架材料上,然后再用麻绳、草绳等将其捆扎,使泥层易于附着在骨架表面,且防止泥层脱落。

图 3.241　填充材料的加固工艺

3. 头、手、足的组装

在戏人的身体骨架制作过程中,人物的手部会同时制作完成并组装在身体骨架上,而头部则在戏人整体完成后再组装在人物身体上。戏人的头部经过面部彩绘化妆后,补充须发、饰品和帽冠,使人物外观体现出所代表的角色特征。

在将杆插入身体连接头部与身体部分的同时,再通过3根竹签将身体与头部进行连接,使戏人头部与身体牢固衔接,如图3.242所示。

图 3.242　组装纱阁戏人的竹签

4. 装裹戏装

(1)服饰与装饰材料。戏人成型最关键的是衣饰形貌的设计与装饰,使其根据角色的需要,穿戴不同的服装和行头。调查显示,戏人所穿的衣服主要以竹纸、木浆纸、皮纸、麻纸等制作,辅以丝绸、线(以丝线、棉线所制的各色线)、铜丝、铁丝、钉子(木钉)、颜料(各种矿物颜料,如石青、石绿、石黄、铅丹、朱砂、炭黑以及其他国画颜料)、贴金(库金、铜箔、铝箔、金粉、银粉)、鸡蛋(蛋清)、光油(清漆)、生漆、大漆等装饰,并施以立粉(砖灰、钛白粉、绿豆面、滑石粉、胶)。装饰材料主要包括衣服、帽冠的装饰点缀材料及其他道具材料,如图3.243所示。

戏服边缘各色矿物颜料　　　　　　戏服剪纸装饰底部的铝箔

图 3.243　纱阁戏人的各类装饰材料

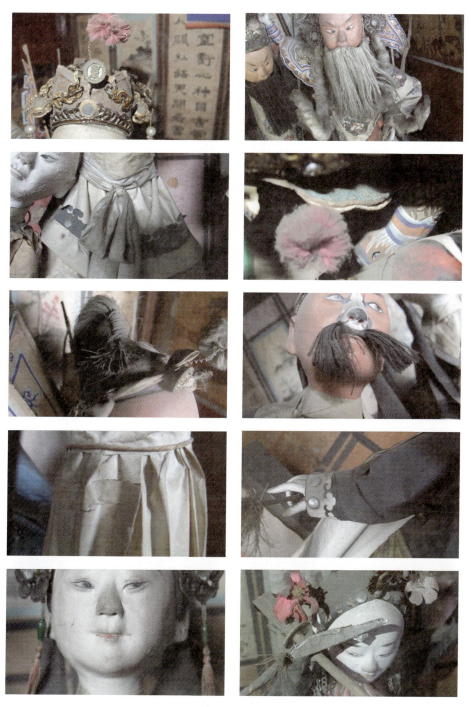

图 3.243 纱阁戏人的各类装饰材料(续)

图 3.243　纱阁戏人的各类装饰材料(续)

（2）戏服的制作。戏服制作是将纸质材料按照服装裁剪的方式，做出衣服的各部分，然后再以剪纸与彩绘装饰，最后组合成符合"戏人"身份的特定服装。

制作戏服时，将韧性强、耐折度高的纸依据所需戏服的颜色进行染色处理，然后根据预先设计好的人物角色，画好专门的服装图样，仔细裁剪后，按照服装由内而外的层次逐层"贴糊"于戏人身体表面。为了保证人物整体的协调性，通常在装裹戏服之前，用麻纸或宣纸条将戏人的每一部分缠裹，使其便于与戏人服装充分"贴糊"。"贴糊"于戏人表面的服装，要表现其不同的姿态，还要对衣服的状态进行适当调整，如肘部的褶皱、边缘的彩绘或贴花等。纱阁戏人的服饰如图 3.244 所示。

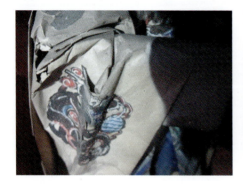

图 3.244　纱阁戏人的服饰

图 3.244　纱阁戏人的服饰(续)

5. 戏人的安装

戏人制作完成后,再将其按照剧情内容,逐个安装在阁子中,如图 3.245 所示。

图 3.245　纱阁戏人

3.4　纱阁戏人文物艺术内容研究

平遥清虚观现藏清代纱阁戏人文物,作为晋剧文化传承的珍贵实物史料,以传统戏曲剧目为题材,由在木阁内固定纸扎戏剧人物而形成,属于混合泥塑、纸扎、绘画、书法及木工家具于一体的艺术门类文物,其制作工艺复杂,以纸、泥、木头、谷草、绸缎、皮毛、棉布、麻绳等为原料,以传统戏曲为题材,集雕塑、绘画、纸扎、立粉、描金、堆景等工艺于一体。经走访戏曲研究专家及平遥纱阁戏人非物质文化遗产传承人,尤其是参考邵月文老师对纱阁戏人文物的研究,现对本次修复保护的10阁纱阁戏人文物的艺术内容介绍如下。

3.4.1 《八义图》

《八义图》纱阁戏如图3.246所示。

图3.246 《八义图》

【别名】《搜孤救孤》《狗咬赵盾》《赵氏孤儿》。

故事原型主要见于《左传·宣公二年》和《史记·赵世家列传》。这是中国古代著名四大悲剧之一,影响极为深远,昆曲、京剧及各大梆子剧种中都有此剧目。

【剧种】秦腔传统戏。

【故事时代】春秋。

【故事概述】春秋晋灵公时,忠臣赵氏一门惨遭奸臣屠岸贾陷害、杀戮,赵氏遗孤在程婴、韩厥、灵辄等"八义"的救助下,最终长大复仇。故事揭露了统治阶级内部激烈的权力之争,意在弘扬正义和传统的忠义思想。

【场次】第二十场尾声。

【剧情】晋灵公时上卿赵盾与大将军屠岸贾不和,屠岸贾是一个奸臣,受到昏君宠信,气焰嚣张,常有杀害赵盾之心。他遣鉏麑行刺不成,又设计嗾犬扑向赵盾,幸得殿前太尉提弥明及灵辄救护,赵盾才得以逃走。屠岸贾终灭赵氏一族300余口。驸马赵朔在满门罹祸后被迫自杀,临死前嘱咐妻子(怀孕的公主),若生男孩,取名"赵武",长大报仇。公主被软禁在府中。屠岸贾得知公主产下一男婴,欲斩草除根,待婴儿满月动手,命将军韩厥把守府门,严搜出府之人。公主托孤于门人程婴,自缢而亡。程婴藏孤儿于药箱之中,出府时被搜出。程婴以大义说服本是赵盾提拔上来的韩厥,携孤得以逃出,韩厥自杀。

孤儿逃脱后,屠岸贾下令在全国搜孤,欲将半岁以下、一月以上的男婴全部"见一下剁三剑"以绝后患。程婴抱孤投奔公孙杵臼,为救赵氏孤儿及全国无辜小儿,两人定计:程婴舍子、公孙舍命以救赵孤。程婴佯装到屠岸贾处告发,屠氏则故意令程婴拷问公孙,公孙不招;屠氏搜出并杀死由程婴之子假扮的赵氏孤儿,公孙杵臼撞阶身亡。屠氏认程婴之子(即真正的赵氏之子)为义子。20年后,孤儿长大,程婴作画道出实情,孤儿发誓报仇。晋悼公立,孤儿奏明冤情,魏绛奉命协助赵武杀了屠岸贾,孤儿归宗。

阁中表现的是韩厥找回赵氏孤儿,赵氏有望复立的大快人心的场景,场面比较逼真。

【剧中人】程婴——丑;屠岸贾——净;赵武——娃娃生。

【人物扮相及神态表情】

左为程婴:丑扮,戴木锨板,涂白眼圈,留八字胡,身穿素箭衣、寿字马褂,板带扎在马褂内。

中为韩厥:净扮,戴插翎金盔,挂黑满,着红蟒,挎宝剑。

右为孤儿赵武:娃娃生扮,头戴将巾子,身着黄色箭衣、寿字马褂,板带扎在马褂外,坐姿,双手举紫金锤至头两侧,作为大怒欲报仇状。

3.4.2 《百花点将》

《百花点将》纱阁戏如图3.247所示。

图 3.247 《百花点将》

【别名】又名《百花赠剑》《百花公主》等,底板刻作《百花亭》,出自明代无名氏创作的《百花记》传奇,属宋元历史剧系列。

【剧种】陕西花部、山西中路梆子。

【故事时代】元。

【故事概述】元时安西王阿南达谋篡皇位,终被朝廷平定,中间穿插了一段蒙汉青年的爱情故事,可惜双方的政治立场不同,最后以百花公主自杀结束。

【剧情】元朝阿南达自称"奇涅温之苗裔,忽必烈之玄孙",以元帝失德、吊民伐罪为由,图谋举兵夺权。其女百花公主乌珍,不但武艺超群,而且精通韬略,奉命在嘉兴(今属浙江)教练士卒,伺机而动。

书生江六云和他的姐姐江幼云,为宋代丞相江万里之后,也曾学习武艺。六云和姐夫邹化,早有英雄落魄之感,打听到枢密使伯颜镇守苏州,决定同前去投效,让姐姐幼云暂回娘家筹措盘缠。

公主出猎,恰遇回家途中和猛虎搏斗的江幼云,赞叹其勇,便收留帐下。幼云搜集到阿南达谋反的证据,托人送到邹化手中,邹化立即交给伯颜。此时江六云已在伯颜帐下任巡按之职,奉命微服打入安西王府,与姐姐会合,以为内应。

安西王内侍巴喇奉命招贤,江六云改名海俊,前来投效,被他轰出。恰逢阿南达到来,见六云熟读诗书,精通韬略,大为赏识,特授参军一职,下令一应偏副战将,俱听六云调遣。巴喇妒贤嫉能,疑六云不忠,设计将六云灌醉,抬入公主卧室,企图借刀杀人。不料百花公主和六云一见钟情,赠剑以定终身,并乘点将之机除掉了巴喇。

百花公主发兵攻打苏州,被邹化用计诱入落花岭中,奋力厮杀才得以逃脱。此时江六云也在嘉兴策动属下反正,阿南达百般无奈,准备服罪请降,却受偏妃谗言挑拨,逼迫百花自刎,自己也畏罪自裁。待邹化和六云赶到,为时已晚,两人深感痛惜,遂杀死王妃,为百花复仇。嘉兴之乱终于平定。

阁中表现巴喇灌醉江六云,抬进公主帐内,幼云见状大惊,慌忙将胞弟藏于桌下。公主操演归来,命幼云操练兵法,幼云不从,公主欲打,六云突然从桌下钻出,公主未防,举剑便刺,六云惊倒在地。气氛紧张,扣人心弦。

【剧中人】江六云——小生;江幼云——小旦;百花公主——旦。

【人物扮相及神态表情】

左为江六云:小生扮,戴相公巾子,穿道袍,一面大叫"吓煞我也",一面向后倾倒。

中为江幼云:小旦扮,束发,扎英雄球,着团花单衫、裙,系丝带,双手举起作阻挡状。

右为百花公主:旦扮,束发,穿八宝衣,戴双凤云肩,右手举剑。

3.4.3 《春秋笔》

《春秋笔》纱阁戏如图3.248所示。

【别名】此为春秋战国历史剧系列。京剧、晋剧、蒲剧、秦腔、河北梆子等剧种的传统剧目《春秋笔》,以及桂剧《混元宝境》,都是从《龙灯赚》或《轩辕镜》改编而来的。《龙灯赚》又名《浑仪镜》《春秋笔》,共31回。

【剧种】京剧、晋剧、蒲剧、秦腔、河北梆子、桂剧。

【故事时代】南朝·宋。

【故事概述】《春秋笔》旨在歌颂史官王彦丞秉笔直书的正直品格。剧以史官王彦丞一家的遭遇为线索,演绎了南朝刘宋王朝内部的忠奸斗争及爱国将士英勇抗击北魏南侵的故事,批判奸臣徐羡之专权误国、迫害忠良等罪行,歌颂大将军檀道济和史官王彦丞夫妇的爱国精神。

图 3.248 《春秋笔》

【剧情】宋文帝刘义隆时,王彦丞与权相徐羡之因北魏入侵,互议和战,政见不合。檀道济出征,因无子其妻命女佣抱己女乘元宵看灯日,窃换他人之子,竟将王彦丞之子换去。王仆张恩失主人之子,回府请罪,王妻怜而放之逃走,遇酒友陶二潜,代之为永安驿丞;适徐诬陷王彦丞,发配至驿,更遣缇骑,令驿丞杀王,张恩乃替王死。王逃,沿途搜集军粮,至檀道济军中,檀军得粮,大败北魏,奏凯回朝。徐羡之获罪,王、檀各认子女归宗。

阁中表现的是宋王殿前,檀、徐两人以项上头颅赌战之胜负,黄迷为徐作保的情景。

【剧中人】徐羡之——净;黄迷——丑;檀道济——大净。

【人物扮相及神态表情】左为徐羡之:净扮,白脸带半额红,挂黑满,头戴插翎大盔,着黄箭衣,腰系大带,右手持笔,正命令黄迷画押担保。

中为黄迷:丑扮,坐姿,戴纱帽,挂灰白吊搭,里着道袍,外套坎肩,手抚胡须,看着徐羡之,一面想讨好当朝宰相,另一面又思忖檀若得胜,将祸及全家。

右为檀道济:大净扮,红脸,挂黑满,头戴帅盔,披靠,外穿斗篷,右脚踏着黄迷左腿,倾斜上身,傲慢地看着徐羡之,个性非常突出。

3.4.4 《大进宫》

《大进宫》纱阁戏如图3.249所示。

图 3.249 《大进宫》

【别名】又名《大郑宫》《大政宫》《甘泉宫》《大黄逼宫》《秦始皇搜宫》,属秦汉历史剧系列。故事源于《史记·吕不韦列传》。

【剧种】蒲剧。

【故事时代】秦。

【故事概述】秦始皇嬴政诛杀与太后有私情并企图谋反的嫪毐,并囚禁太后于冷宫,表现了古代荒淫糜烂的宫闱生活及骨肉相残的权力之争,刻画了秦始皇嬴政刚毅、果敢和残忍的性格特征。

【场次】第四场。

【剧情】秦始皇嬴政设宴于大郑宫,庆贺与母后分别12年之后的团聚。席间,他见嫪毐和母后眉来眼去,心生疑窦。忽有将军白起两次击钟,闯宫奏本,始皇仓促设朝。白起奏称,嫪毐酒后说出真相,说他与太后私通,生有两个儿子,不久就要除掉始皇,扶持他的儿子登基。始皇听到这个消息大怒,立刻命令大将王翦、章邯把守前后宫门,命羽林军上殿,外套袍服、内藏利刃跟着自己进宫捉拿反贼。

嫪毐自知酒后失言,慌忙禀明太后,索取玉玺,企图搬来兵马,灭掉始皇,却见大郑宫各门守卫森严,无法出去。情急之下,心生一计,高呼"有刺客"。始皇亲自追杀,嫪毐被校尉拿住。而太后把玉玺交给嫪毐后,便拉着两个儿子,逃往御花园,也被始皇搜出,押回老龙殿。最后始皇带着白起处死嫪毐及其二子,收回玉玺,囚禁太后于咸阳宫,"每日赐她半升粗糠米,自折自磨一死",将一场危其政权的叛乱消灭在萌芽中。

阁中表现的是秦始皇嬴政杀死嫪毐后,著名的"皇逼宫"场面。气势咄咄逼人,令人不寒而栗。

【剧中人】白起——武生;嬴政——小生;太后——旦。

【人物扮相及神态表情】左为白起:武生扮,戴倒缨盔,扎白靠,足穿厚底靴。

中为太后:旦扮,头戴当时舞台式样的凤冠,着黄女蟒,作惊惧昏厥状。

右为秦始皇嬴政:小生扮,坐姿,戴软王帽。着黄蟒,左手擎着宝剑,怒斥太后。

3.4.5 《邓家堡》

《邓家堡》纱阁戏如图 3.250 所示。

【别名】又名《花蝴蝶》《鸳鸯桥》,属侠义公案剧包公案系列。剧情源于《三侠五义》第 66 回、第 67 回。

【剧种】京剧。

【故事时代】北宋。

【故事概述】巨盗"花蝴蝶"诱奸良家妇女,连杀数人,包公派卢方、展昭、徐庆、"翻江鼠"蒋平和北侠欧阳春等,几经周折,终于将花蝴蝶缉拿归案,讴歌了英雄豪杰疾恶如仇、为民除害的侠义精神。

图 3.250 《邓家堡》

【剧情】宋时巨盗"花蝴蝶"姜永志平日奸人妻女,作恶多端。他盗取了皇宫桃花御马,逃往邓家堡其友邓车处,途径铁头镇赵员外家时,见赵女美貌,进行逼奸,该女不从,被他杀死,留一花蝴蝶而去。员外向包公报案。包公正好接到圣旨,要他寻访花蝴蝶及其所盗桃花御马的下落,当即命展昭等乔扮囚徒、解差,前往探访。展昭等来到一个客店,见门口插有镖旗,知是侠士欧阳春在内,就去拜会。经过与欧阳大侠商量,他们推断花蝴蝶在邓家堡邓车处,便由欧阳春率领众人前往抓捕,诱其落水,终将花蝴蝶擒拿归案。阁中表现的是欧阳春率众来到邓家堡外,自己先入堡内,确定花蝴蝶的确就在邓家堡的情形。之后才有众人杀入并最终捉拿花蝴蝶的情节。

【剧中人】花蝴蝶——武生;邓车——须生;紫髯伯欧阳春——花脸。

【人物扮相及神态表情】右为花蝴蝶,武生扮,带英雄巾子,穿宝衣系板带,正在与欧阳春寒暄、交谈。

中为邓车:须生扮,戴武鸭尾巾子,吊灰白须,穿宝衣,外套花道袍,右手擎着马鞭,刚从外面把欧阳春接进来。

左侧坐者为紫髯伯欧阳春:花脸,头戴类似今日舞台上的改良巾,挂红须,着龙箭衣、花道袍,手执折扇,正在寻找花蝴蝶言辞中的破绽。

3.4.6 《恶虎村》

《恶虎村》纱阁戏如图 3.251 所示。

图 3.251 《恶虎村》

【别名】又名《黄天霸焚庄》《江都县》《三雄绝交》《三义绝交》等,属侠义公案剧清代施公案系列。剧情源于《施公案》第 64 至第 68 回。

【剧种】京剧。

【故事时代】清。

【故事概述】黄天霸为救施世纶而剿灭结义兄弟于恶虎村,表现了江湖豪杰因立场不同而性命相搏,最终情断义绝的痛苦心情,主题比较深刻。

【场次】第八场。

【剧情】恶虎村濮天雕寿诞之日,其与武天虬念及黄天霸"忘恩负义"以及弟兄贺天保被施世纶法办遭难之事,颇为感伤。不一会儿,郝文、郝武等人前来拜寿,濮天雕开宴招待,席间下人丁三突然报告,施世纶奉旨进京,打此经过。众人便一起出庄,劫持了施公,施公随从施安等逃脱。

黄天霸因施公升迁,听从王栋、王梁的劝告,拟归绿林。又听说恶虎村是施公必经之地,料想结义兄弟濮天雕、武天虬定会劫持报仇,担心施公性命不保,便快马加鞭尾随而来。濮天雕果然要为九黄、七珠等报仇,归途中就想杀害施公,只因武天虬主张回庄挖心,施公才暂时躲过一劫。时有镖客李堃经过此地,见这些人颇为可疑,争斗中打伤了丁三的眼睛,并一直追至恶虎村。濮天雕、武天虬闻报出庄,抢劫镖车,双方大打出手,李堃败下。

黄天霸闻声赶来,登高望见李堃败阵,濮天雕穷追不舍,便和王栋、王梁分头劝解。濮天雕、武天虬对天霸虽有怨恨,到底曾是情同手足的兄弟,只好罢手,兄弟相认。天霸提出要进村探望义嫂,先是遭到拒绝,后来濮天雕、武天虬人经不住天霸再三要求,只得答应,却让丁三先行进村,意在藏匿施公,自己则带着黄天霸在后面缓缓而行。

阁中表现的是黄天霸在调解了濮天雕、武天虬和李堃的矛盾后,想以探望两位嫂子为借口,入庄打探施公下落,被濮天雕、武天虬两人搪塞的情景。

【剧中人】武天虬——武丑;濮天雕——武生;黄天霸——武生。

【人物扮相及神态表情】左为武天虬:武丑扮,戴尖形软纱帽,内着宝衣,打绦子绳,扎板带,外穿黑道袍,左手执一折扇,足穿夫子履。

中为濮天雕:武生扮,头戴英雄帽,身着宝衣,打绦子绳,外穿道袍,腰扎板带,足穿夫子履。装束与天霸相同,唯宝衣图案有别。

右为黄天霸:武生扮,头戴英雄帽,身着宝衣,打绦子绳,外穿道袍,腰扎板带,足穿夫子履。

3.4.7 《反棠邑》

《反棠邑》纱阁戏如图 3.252 所示。

【别名】又名《出棠邑》《拆书》《出樊城》《伍员杀府》《伍员逃国》。剧情源自《左传·昭公二十年》《史记·伍子胥列传》《东周列国志》。

【剧种】秦腔。

【故事时代】春秋。

【故事概述】春秋时楚国伍奢被杀,其子伍子胥(名员)逃出棠邑,准备借兵报仇,表现了落难英雄的感伤情绪、坚定意志和复仇精神。

【场次】第二场。

【剧情】春秋时,楚平王无道,父纳子妻,伍奢净谏,反被下狱,又恐奢子伍尚、伍员为患,命奢下书棠邑,召二子进京同戮。尚、员得书疑之,商定伍尚回朝,同父受戮,伍员逃国。平王命武成黑追之,伍员箭穿其身,命告平王,如杀父兄,则将灭楚。

图 3.252 《反棠邑》

阁中表现的是伍员叮嘱渔婆,要她善待和抚育伍氏幼子的情节,场面比较逼真。

【剧中人】渔婆——旦;丫鬟——旦;伍子胥——须生;苍头——须生。

【人物扮相及神态表情】左一跪者为渔婆:头戴渔帽圈,身穿黑小袄,扎黄裙,裙内还包有婴儿,作仰天发誓状。

左二为旦扮丫鬟:头饰小额子、英雄球,穿对披、裙子、寿字边彩裤。

右二坐者为伍子胥:须生装扮,头戴梢子,挂黑三须,穿白铠,扎白靠,宝剑出鞘一半,作出威胁恐吓的样子。

右一伍子胥身后站者为苍头:须生扮,戴家院巾子,挂白三须,着黑道袍,外套黑马褂,一副关注的神情。

3.4.8 《赶龙船》

《赶龙船》纱阁戏如图 3.253 所示。

【别名】又名《截江救主》《赵云截江》《赶船救主》《截江夺斗》《赵云追舟》《子龙救主》,属历史剧系列。

木阁底板刻作《接江》，是其简称。"截"误作"接"字。这是一种武生唱功、做工并重的戏，描述常胜将军赵子龙截江救主立大功的传奇故事，刻画了赵子龙无私无畏、忠勇双全的英雄性格。

图 3.253 《赶龙船》

剧情源自《三国志·蜀志·赵云传》及《三国演义》第六十一回。

【剧种】中路梆子。

【故事时代】三国。

【故事梗概】东吴孙权的妹妹孙尚香和刘备结婚后，抚养着刘备前妻留下的儿子阿斗，住在荆州。荆州原是东吴的地方，刘备久借不还，孙权很气愤，就趁刘备出征西川的时候，派人去荆州，谎称孙尚香母亲病了，让她即刻带着阿斗回东吴，目的是留下阿斗做人质，迫使刘备归还荆州。孙尚香抱阿斗乘坐大船刚到江心，赵云察觉后乘小船追赶上来。他不顾大船上射来的箭枝，靠上前去并纵身跳上大船，将阿斗夺回。

【场次】第六场。

【剧情】孙权屡讨荆州不得，知刘备入川，乃用张昭之计，差心腹周善赴荆州，伪称母病，接孙夫人携阿斗归宁，欲以阿斗为质，换取荆州。孙夫人不察，登舟。赵云得知，驾舟追赶，跃上大船，夺回阿斗；张飞踵至，杀死周善，同保阿斗回荆州。

阁中表现赵子龙飞身上船,阻止孙夫人带阿斗返回,讲述自己当年长坂坡为救幼主血染战袍之事。

【剧中人】赵子龙——武生;孙夫人——旦;吴将周善——须生。

【人物扮相及神态表情】左为赵子龙:武生扮,头戴硬包巾夫子盔(大额子),身扎黄大靠,刺绣勾金,前靠肚上有双龙戏珠,脚蹬厚底靴。

中为孙夫人:旦扮,坐姿,头上簪花,着红女蟒、花边裙子,蟒身刺绣勾金团龙。

右为吴将周善:须生扮,站姿,风帽带红绒球,挂黑三须,马褂套箭衣,外披素斗篷,腰挎宝剑,左手两指相叠,正在依势责骂:"赵云,好无理也!"

3.4.9 《鸿门宴》

《鸿门宴》纱阁戏如图 3.254 所示。

图 3.254 《鸿门宴》

剧情源自《史记·项羽本纪》,属秦汉历史剧系列。

【剧种】铙鼓杂戏。

【故事时代】秦末。

【故事概述】刘邦、项羽争权,项羽鸿门设宴,企图杀害刘邦,夺取胜利果实,刻画了刘邦、项羽、张良、范增、项伯等人各自不同的性格特征,歌颂了机智的张良。鸿门宴拉开了楚汉战争的序幕。

【剧情】公元前206年刘邦占秦都咸阳后,派兵守函谷关,不久,项羽率40万大军进驻鸿门,准备消灭刘邦。经项羽叔父项伯的调解,项羽鸿门设宴会见刘邦,宴会上范增命项庄舞剑,欲乘机刺杀刘邦,项伯也拔剑起舞,以身掩护。最后樊哙带剑而入,刘邦乘机脱险。

阁中表现的是项伯前来邀请刘邦赴宴的情形,平和的表情之下,内心却是惊涛骇浪。

【剧中人】项伯——须生;刘邦——须生;张良——须生。

【人物扮相及神态表情】左为项伯:须生扮,头戴二郎叉子,上套风帽,腮挂白满,身穿龙箭衣、龙马褂,披斗篷,腰佩宝剑面向刘邦,正在向刘邦传达项羽对他的邀请。

中为汉王刘邦:须生扮,戴紫金硬王帽,挂黑三须,着龙箭衣,外套龙马褂,正与项伯交谈。

右为张良:须生扮,道家装束,戴八卦巾,挂黑满,着八卦衣,目视项伯,窥测来意,欲借机用计。

3.4.10 《狐狸缘》

《狐狸缘》纱阁戏如图3.255所示。

【别名】又名《闹书馆》,属神魔故事剧系列。山西现存中路梆子抄本,蒲州梆子抄本。

【剧种】晋剧、蒲剧。

【故事概述】书生张义为狐精所惑,终成婚姻,表现人定胜妖的思想,虽带有封建说教意味,总的看来格调还是健康的。全剧诙谐幽默,具有一定的喜剧色彩。

【场次】第二场。

【剧情】狐狸名叫大旦,自称修行500年。一夜,她邀请三个姐妹同到书馆,与员外张万春之子张义一起喝茶取乐。席间他们各逞法术,或取仙酒,或取仙桃,欢呼雀跃,歌舞不休。送茶的家童撞见这一景象,非常害怕,赶紧报告了员外。员外得知消息,闯进书馆,张义已昏迷床下。后来张义心神恍惚,卧病不起。

图 3.255 《狐狸缘》

张员外见儿子病情加重,便派家童出门,到处寻找法师,恰遇前往东路访问朋友的道士林恩茂,法名旦然,于是请至庄内。深夜,大旦惦记张义的病情,前来探望,却被林恩茂拿住。林恩茂仗剑欲杀之,大旦求饶,愿将天书奉上,说天书在都风山(别本作孤峰山)中,山下屏风后有一温泉,张义只要入水沐浴,病体就会痊愈。法师可怜她修炼多年,何况上天亦有好生之德,自己又特别想得到那部天书,于是放走了狐精,并已说服张员外,天明就领着张义赶往都风山治病。大旦一心想嫁给张义,冒险探望又差一点丢掉性命,引起众姐妹的同情。老狐仙早已知晓了女儿的心事和遭遇,知道她对张义爱得痴迷,便在都风山下变出了一座庄园,自己变为老夫人,请白鹿精变为老员外,众小狐狸则变为小姐、丫鬟、厨役等专待张氏父子到来。林恩茂带着张氏父子来到庄园,化身为仆役的苍狼引领张义去温泉沐浴。大旦见到日夜思念的张义,欢喜异常,主动赠一如意帕,以表情意。张义前去相谢,两人共进鸳鸯楼,结成连理。老夫人突然出现,抓住张义,假意嗔怒,还要将他吊打,被闻讯赶来的白鹿员外劝止。白鹿员外应允他们成婚,老夫人又假意反对,争论中,张员外只好答应了这门他们并不情愿的亲事。结局是书生张义与狐仙大旦美满结合,皆大欢喜。

阁中表现的是家童初见林恩茂,与之斗耍,被员外喝止的情景。

【剧中人】家童二愣——小丑；张万春——老生；法师林恩茂——红脸大净。

【人物扮相及神态表情】左为家童二愣：小丑扮，戴黑丝巾帕子，着圆口小箭衣，扎湖蓝板带，眼、嘴周围画有三个粉圈，模样十分滑稽。

中为张万春：老生扮，戴员外巾子，挂白三须，身着对披，手持拐杖。

右为法师林恩茂：红脸大净扮，头戴金箍圈，着黑箭衣，扎大带，外披道袍，腕挂缨轴子，手持宝剑，半出其鞘。

第4章 修复材料选择及修复方法试验

纱阁戏人文物因其所具有的特殊历史意义及唯一性被定为国家一级文物,是我国传统纸扎品中规格最高、数量最多、内容最完整、工艺最精美的艺术珍品,被列为国家非物质文化遗产。纱阁戏人工艺复杂、制作精细,但也存在着病害种类多、损伤程度深等问题,因而保护修复难度极大。为了保证修复质量,必须谨慎而行。应在对文物做充分检测分析及研究的基础上,做好修复材料及修复方法遴选工作,极其慎重地利用未定级文物进行试验性保护修复,从而确定保护修复方法,最后再进行文物整体保护修复。

4.1 保护修复材料选择

针对纱阁戏人文物存在的几种病害特征,结合之前对文物材料和制作工艺以及病害机理的分析,我们在实验室中对几种常用的保护修复材料的性质进行了模拟研究、筛选,确定最适用于纱阁戏人文物保护的修复材料。

4.1.1 脆弱纸质加固材料

1. 脆弱纸质加固材料选择

纱阁戏人文物由于其保存环境不佳及流传过程中的使用,纸质服饰个别部位出现了脆化、糟朽病害,修复中不能触碰,需要先进行预加固处理,才能进行下一步的保护修复。为满足此类工艺复杂且保存较差的纸制文物加固需要,中国科学技术大学研发出一种操作方便、效果良好且对文物无负面影响的新型加固剂。表4.1为脆弱纸质加固材料。

表4.1 脆弱纸质加固材料选择

试验样品	材料名称	材料特性	试验方法	试验结果
脆弱纸质残片	新型加固剂	质量分数为5%时其黏度较小,接近于水	喷涂	强度明显增大,颜色无改变
脆弱纸质残片	明胶	质量分数为5%时其黏度较大,有一定的黏滞性	喷涂	强度变化不大,颜色发亮
脆弱纸质残片	聚乙烯醇	质量分数为5%时其黏度较大,有一定的黏滞性	喷涂	强度增大,颜色有改变

经比较,新型纸张加固剂加固效果良好。

2. 研发与检测

(1) 加固剂配制:

原料:白芨、海藻糖、防霉剂。

白芨胶为无嗅无味白色粉粒,不溶于乙醇,可在水中溶解并形成黏稠的亲水胶液,在酸性溶液中较稳定,但在碱性溶液中易失去黏性。按中国药典(2000年)所列方法测定,2%的白芨胶溶液相对密度为1.01—1.05(20 ℃),黏度为9.0—12.0 mm^2/s(25 ℃)。白芨多糖胶与魔芋葡甘聚糖、阿拉伯树胶相比,属低黏性胶,可配置10%以上的高浓度胶体。

海藻糖是天然双糖中最稳定的一类,不具有还原性,对热和酸碱都具有非常好的稳定性,不受温度和pH影响。水溶透明,有很好的配伍性和相容性。海藻糖分子量小,流动性佳,能防止油脂分解,有效抑制氧化酸败。

配制过程为取白芨25 g置于烧杯,加1 000 mL蒸馏水浸泡6 h以上,将烧杯放入电热套恒温加热,小火慢熬至 400 mL 左右,在此期间搅拌。过滤掉白芨后,以 4 000 r/min 的速度离心 5 min,每次离心后取上层清液,重复 3 次。将 1% 至 5% 质量分数的海藻糖加入离心后的加固剂中,充分搅拌后加入防霉剂(体积分数为 0.5%)。防霉剂选用 AEM-5700 水溶性防霉剂。

具体来说,根据前期试验可知,加固剂中海藻糖质量分数高于 4% 时,加固剂渗透性降低,导致纸张表面出现眩光;为探寻海藻糖适宜范围,项目组在试验中共配制五组不同质量分数的海藻糖加固剂,分别为 1%、2%、3%、4%、5%。

(2)试验对象与测试仪器:

① 纸质文物具有珍贵性和不可再生性,故在模拟及理化性能测试试验中应采用经热老化方式制备的可用于重复试验的模拟古代脆弱纸张的样品。在前期研究中,综合考虑普遍适用性、强度提升效果以及外观变化,项目组在试验中选用各类常作为古代纸质文物用纸的手工纸作为模拟样品,分别为:

a. 麻纸:安徽恒星产,原料为龙须草、青檀树皮、麻,定量为 41.46 g/m^2;

b. 皮纸:安徽恒星产,原料为株树皮、沙田稻草,定量为 31.45 g/m^2;

c. 宣纸:安徽恒星产,原料为青檀树皮、沙田稻草、龙须草,定量为 30.25 g/m^2;

d. 竹纸:四川古法毛边纸,原料为纯竹浆,定量为 28.10 g/m^2。

② 测试仪器主要有:

a. 纸张耐折度测定仪,型号 NZ-135;

b. 纸张撕裂度测定仪,型号 SLY-1000;

c. 纸张耐破度测定仪,型号 HH-NP;

d. 纸张抗张强度仪,型号 TTM-300;

e. 纸张平滑度测定仪,型号 HH-PH;

f. 纸张柔软度测定仪,型号 HH-RRY;

g. 白度测定仪,型号 YQ-Z-48B;

h. 扫描电子显微镜,型号 FEI-Quanta650。

(3)老化纸张处理。为使手工纸样品与古代纸质文物更为接近,按纸张老化国家标准要求,将手工纸样品置于老化烘箱内,于 105 ℃ 下干热老化 50 天。

项目组将老化好的 4 种手工纸按所测试项目的行业标准要求裁剪制备纸样,每项强度测试准备 40 组样品,均分为 5 份,每份 8 张样品;用 5 组不同质量分数加固剂进行处理,为减小误差,每组数据剔除3个偏差较大的,剩余5个结果取平均值;对照组按上述规格选取同样数量样品,不做任何加固处理进行测试。外观形貌变化测试选用同一个样品固定区域进行加固前后测试,多组测试取平均值。

试验难点在于,在造纸的抄纸过程中,纸浆的流动会导致同一张纸不同位置的纤维排列与堆叠厚度有较大差别,这种误差对敏感度极高的理化性质检测影响极大。大体规律为:纸张两侧长边的纤维堆积较厚且杂乱无序;纸张中心区域纤维堆积均匀且排列整齐。因此在样品选取中,同一项测试应选取纸张相同区域样品进行剪裁,且每个样品测试时应保证帘纹方向一致,以最大限度避免纸张不均匀性的误差。

(4)测试结果。表4.2至表4.5为经不同质量分数的海藻糖加固剂处理前后,各类纸张的理化性能测试平均结果。

表4.2 不同质量分数海藻糖加固剂加固前后耐折度测试平均结果

样品名称	处理情况及弯折次数					
	加固处理					未加固处理
	质量分数为1%的海藻糖加固剂	质量分数为2%的海藻糖加固剂	质量分数为3%的海藻糖加固剂	质量分数为4%的海藻糖加固剂	质量分数为5%的海藻糖加固剂	
麻纸	6	6	7	5	4	2
皮纸	15	17	19	17	17	7
宣纸	13	15	15	13	14	6
竹纸	8	9	7	8	7	3

由表4.2可以看出,对比未加固处理组的各类纸张的耐折度,加固处理后的纸样的耐折度均有显著提升,尤其是皮纸的耐折度,提高幅度最为明显。根据增长变化趋势来看,随着海藻糖质量分数比例增加,耐折强度随之提升,但在海藻糖质量分数超过3%后,纸张的耐折度趋于平缓,比如皮纸和宣纸,有的纸张的耐折度甚至趋于下降,比如麻纸和竹纸。

表 4.3　不同质量分数海藻糖加固剂加固前后撕裂度测试平均结果

纸张	测试组	撕裂力 $F(\mathrm{mN})$	撕裂度 $X(\mathrm{mN \cdot m^2/g})$
麻纸	未加固麻纸	98.1	2.365
	1%质量分数海藻糖加固剂加固后	138.6	3.342
	2%质量分数海藻糖加固剂加固后	154.7	3.772
	3%质量分数海藻糖加固剂加固后	179	4.317
	4%质量分数海藻糖加固剂加固后	170.9	4.122
	5%质量分数海藻糖加固剂加固后	162.8	3.927
皮纸	未加固皮纸	89.9	2.86
	1%质量分数海藻糖加固剂加固后	154.7	4.92
	2%质量分数海藻糖加固剂加固后	154.7	4.92
	3%质量分数海藻糖加固剂加固后	187	5.974
	4%质量分数海藻糖加固剂加固后	195.1	6.203
	5%质量分数海藻糖加固剂加固后	187	5.974
宣纸	未加固宣纸	154.7	5.115
	1%质量分数海藻糖加固剂加固后	179	5.916
	2%质量分数海藻糖加固剂加固后	211.2	6.982
	3%质量分数海藻糖加固剂加固后	219.3	7.249
	4%质量分数海藻糖加固剂加固后	203.2	6.716
	5%质量分数海藻糖加固剂加固后	211.2	6.982
竹纸	未加固竹纸	41.2	1.783
	1%质量分数海藻糖加固剂加固后	65.7	2.839
	2%质量分数海藻糖加固剂加固后	73.7	3.191
	3%质量分数海藻糖加固剂加固后	122.4	5.297
	4%质量分数海藻糖加固剂加固后	89.5	3.875
	5%质量分数海藻糖加固剂加固后	89.9	3.894

由表 4.3 可以看出,对比未加固处理组的各类纸张的撕裂度,加固处理后的纸张的撕裂度均有显著提升,尤其是竹纸的撕裂度,提高幅度最为明显。根据增长变化趋势来看,随着海藻糖质量分数增加,撕裂度随之提升,但在海藻糖质量分数超过 3% 后,纸张的耐折度增加趋于平缓,比如竹纸和宣纸,有的纸张

的耐折度甚至趋于下降,比如麻纸和皮纸。

表 4.4　不同质量分数海藻糖加固剂加固前后耐破度测试平均结果

样品名称	处理情况及耐破度(kPa)					
	加固处理					未加固处理
	质量分数为1%的海藻糖加固剂	质量分数为2%的海藻糖加固剂	质量分数为3%的海藻糖加固剂	质量分数为4%的海藻糖加固剂	质量分数为5%的海藻糖加固剂	
麻纸	83	84	96	85	91	60
皮纸	64	83	75	83	71	60
宣纸	75	85	83	91	83	52
竹纸	59	68	73	69	72	49

由表 4.4 可以看出,对比未加固处理组的各类纸张的耐破度,加固处理后的纸张耐破度均有显著提升,尤其是麻纸的耐破度,提高幅度最为明显。根据增长变化趋势来看,随着海藻糖质量分数增加,耐破强度随之提升,但在海藻糖质量分数超过3%后,纸张的耐破度增加趋于平缓,比如竹纸和麻纸,有的纸张的耐破度甚至趋于下降,比如皮纸和宣纸。

表 4.5　不同质量分数海藻糖加固剂加固前后抗张强度测试平均结果

纸张	测试组	抗张力 $F(N)$	抗张强度 $S(kN/m)$	伸长率 $R(\%)$	能量吸收 $Z(J/m^2)$
麻纸	未加固麻纸	10.89	0.7261	0.5	1.6129
	1%质量分数海藻糖加固剂加固	17.81	1.1875	0.7	4.4641
	2%质量分数海藻糖加固剂加固	19.71	1.3142	0.6	4.0958
	3%质量分数海藻糖加固剂加固	21.17	1.4114	0.7	4.5801
	4%质量分数海藻糖加固剂加固	18.58	1.2384	0.6	3.6825
	5%质量分数海藻糖加固剂加固	18.83	1.2552	0.7	4.6574
皮纸	未加固皮纸	9.47	0.6316	0.5	1.43
	1%质量分数海藻糖加固剂加固	14.45	0.9365	0.7	3.4235
	2%质量分数海藻糖加固剂加固	17.92	1.1948	0.6	3.7729
	3%质量分数海藻糖加固剂加固	16.43	1.0956	0.7	3.876
	4%质量分数海藻糖加固剂加固	16.46	1.0976	0.6	3.1498
	5%质量分数海藻糖加固剂加固	15.52	1.0346	0.5	2.6038

续表

纸张	测试组	抗张力 $F(N)$	抗张强度 $S(kN/m)$	伸长率 $R(\%)$	能量吸收 $Z(J/m^2)$
宣纸	未加固宣纸	10.27	0.6846	1.4	5.4349
	1%质量分数海藻糖加固剂加固	12.04	0.8026	2.5	11.984
	2%质量分数海藻糖加固剂加固	13.85	0.9233	2.1	12.342
	3%质量分数海藻糖加固剂加固	15.64	1.0426	2	12.768
	4%质量分数海藻糖加固剂加固	14.66	0.9776	2.5	15.195
	5%质量分数海藻糖加固剂加固	14.43	0.9622	2.2	12.397
竹纸	未加固竹纸	9.31	0.6209	1.3	4.468
	1%质量分数海藻糖加固剂加固	10.73	0.7154	1.6	6.8104
	2%质量分数海藻糖加固剂加固	12.92	0.8616	2.2	11.409
	3%质量分数海藻糖加固剂加固	14.04	0.936	1.2	5.1353
	4%质量分数海藻糖加固剂加固	13.53	0.9018	2.1	11.599
	5%质量分数海藻糖加固剂加固	14.04	0.936	1.2	5.1353

由表4.5可以看出，对比未加固处理组的各类纸张的抗张强度，加固处理后的纸张的抗张强度均有显著提升，尤其是麻纸的抗张强度，提高幅度最为明显。根据增长变化趋势来看，随着海藻糖质量分数增加，抗张强度随之提升，但在海藻糖质量分数超过3%后，纸张的抗张强度增加趋于平缓，比如竹纸和麻纸，有的纸张的抗张强度甚至趋于下降，比如皮纸和宣纸。

综上，由表4.1至表4.5可知，在耐折度、撕裂度、耐破度、抗张强度的测试中，加固剂对各类纸张的强度有显著提升，增幅普遍在30%—50%，对于撕裂度和耐折度，增幅达到80%—100%；根据增长变化趋势来看，随着海藻糖质量分数增加，纸张强度随之增大，当海藻糖质量分数超过3%后，纸张强度趋于平缓甚至开始下滑；结合前期试验中海藻糖质量分数超过4%时，会在纸张表面产生眩光，破坏文物原貌，可得出加固剂中海藻糖质量分数在2%—3%较为适宜。

以下用海藻糖的质量分数为3%的加固剂，分别对不同纸张同一区域加固前后的平滑度、柔软度以及白度进行测试，测试结果如表4.6所示。

表 4.6　不同纸张加固前后平滑度、柔软度、白度测试平均结果

测试样品	测试组					
	平滑度(s)		柔软度(mN)		白度(%)	
	加固前	加固后	加固前	加固后	加固前	加固后
麻纸	1.6	1.5	659	646	61.6	61.7
皮纸	1.7	1.7	475	467	72.2	72.0
宣纸	3.0	3.4	599	592	73.9	73.0
竹纸	5.2	5.9	368	362	97.2	96.9

由表 4.6 可知，对于麻纸和皮纸，经加固剂加固后的平滑度应几乎不变，对于宣纸和竹纸，经加固剂加固后会略微变光滑；各类纸加固后相比加固前，柔软度变化微乎其微，白度有极少量降低。测试结果表明，该加固剂对于纸张外观形貌的影响极弱，变化均在合理范围内。

与现有技术相比，该加固剂具有以下有益效果：

a. 区别于真空镀膜技术和使用化学合成材料技术，采用天然植物材料进行纸张加固，相比于胶液涂覆技术解决了渗透性与浸润性的问题。

b. 所用材料除微量防霉剂外，均为天然材料，最大限度降低对文物本体的二次损害，符合现代文物保护理念中文物保护材料应首选天然材料的要求。

c. 加固剂研制过程及所用材料对人与环境均完全无害，不会产生有毒有害物质。

d. 使用方便，更适用于不规则纸质文物的保护加固，在待加固纸质文物表面少量多次涂抹、自然阴干即可完成加固。

e. 加固效果好，胶状物质固化后黏接效果好，且在纸张表面残留极少，在增加纸张强度的同时不改变文物外观。

f. 耐保存，加固剂中添加微量水溶性防霉剂，可以很好地解决多糖物质易发霉的问题。

4.1.2　丝织品加固材料

蚕丝是由 18 种氨基酸组成的蛋白质纤维，大部分是丝素和丝胶；丝胶具有黏合和维持丝素强度的作用。据测定，桑蚕茧中的丝胶含量约占生丝总量的 20%—30%。从文物保护原则角度看，从生丝中提取的丝胶，是加固丝织品文

物较理想的天然材料。

根据丝胶的理化特性,项目组采用浴煮法对其进行提取,将 10 g 未脱胶的生丝洗净放入烧杯中,加入 400 mL 蒸馏水,温度控制在 90—100 ℃ 隔水加热。待杯中水蒸发至 200 mL 时取出,过滤制得淡米黄色含胶液体,加入 30% 质量分数的乙醇蒸馏水溶液,配制质量分数为 10% 的丝胶溶液加固剂。

鉴于戏人身上的纺织品大多直接黏在戏人身上,与纸制部分直接接触,有可能在接触过程中伤及纸制部分,很难实现修复过程中的有效把控。在清理过程中,需要配合使用塑料薄膜、宣纸做好防护工作。

本次选用的加固剂为质量分数为 10% 的丝胶蛋白溶液,对加固前后的样品的最大负荷和延伸率进行检测,如表 4.7 所示。结果表明,加固后的样品强度和柔韧性都有明显提升,几乎是加固前的两倍。

表 4.7 蛋白溶液加固样品的最大负荷和延伸率

试验材料	试验名称	添加比例	最大负荷(N)	延伸率
空白宣纸	交联剂加固	——	0.47	4.90%
文物纸质残片 B	聚乙二醇 200 加固	40%	0.86	8.80%

4.1.3 脱酸材料

如表 4.8 所示,三种材料脱酸效果都能满足要求,但纱阁戏人文物因其制作的特殊性,不能拆解下来进行脱酸处理,只能在原文物上进行脱酸,因此,采取喷涂 NanoBookSave 无水纳米脱酸液的方法,效果稳定,脱酸方便。

表 4.8 脱酸材料选择

试验样品	材料名称	材料特性	试验方法	试验结果
脆弱纸质残片	去离子水	质量分数为 5% 时其黏度较小,接近于水	浸泡	脱酸后检测 pH 在 7 附近
脆弱纸质残片	氢氧化钠溶液	黏度较大,有一定的黏滞性	刷涂	脱酸后检测 pH 在 7 附近
脆弱纸质残片	NanoBookSave 无水纳米脱酸液	黏度较大,有一定的黏滞性	喷涂	脱酸后检测 pH 在 7 附近

4.1.4 泥塑彩绘加固材料

因纱阁戏人文物的泥质彩塑部分均采用麻刀、宣纸、淀粉的胶泥制作而成，起酥部位空隙粗大，容易渗透加固，三种材料可根据需要分步骤使用，如表4.9所示。

表4.9 泥塑彩绘加固材料选择

试验样品	材料名称	材料特性	试验方法	试验结果
《冀阳关》人物手部	丙烯酸乳液和硅丙乳液1∶1混合液	质量分数为5%时其黏度较小	刷涂	能满足要求
《冀阳关》人物手部	质量分数为0.5%—2%的明胶	黏度较大，有一定的黏滞性	刷涂	能满足要求
《冀阳关》人物手部	质量分数为5%的鱼鳔胶	黏度较大，有一定的黏滞性	刷涂	能满足要求

4.1.5 修复用选配材料

纱阁戏人文物修复用到的颜料，骨架修补材料，修补服饰用的纸质材料、纺织品、金属饰品等材料均选用对纱阁戏人文物检测分析所确定的适合的材料，使用时要先进行老化处理，保证材料的适配性，避免出现因收缩不均而造成的修复部位表面变形。材料选择详见表4.10至表4.15。

1. **不同修复位置纸质选配材料**

不同修复位置纸质选配材料如表4.10所示。

表4.10 不同修复位置纸质选配材料

序号	纱阁戏	检测位置	检测结果	选配材料
1	《游寺》	张生外衣纸、崔莺莺裤子和衣领、沙弥脱落纸	木浆	现代机制纸
		沙弥靴筒黑色裹纸、红娘袖口纸、崔莺莺黑色贴纸	草浆	宣纸
		崔莺莺上衣领口纸	麻浆	麻纸
		红娘裤子纸、崔莺莺外衣贴纸和内层纸	草浆、竹浆	竹纸
		红娘绿色上衣外层和内层纸	竹浆	竹纸

续表

序号	纱阁戏	检测位置	检测结果	选配材料
2	《黄鹤楼》	周瑜外衣贴纸、周瑜脱落纸	草浆	宣纸
		刘备袖口白纸、底板下脱落纸	麻浆	麻纸
		周瑜红色外衣纸	木浆	现代机制纸
		底板下脱落纸	竹浆、针叶木浆	竹纸
3	《出庆阳》	石彦龙裤子淡绿色纸、石彦龙披风内层纸、背板赭色纸、石彦龙上衣绿云纹贴花纸	竹浆	竹纸
		李广右侧胸内绿衣纸、石彦龙披风外层纸、后背板纸、杨太后黑衣纸、李广马鞭垂条纸、李广马鞭红穗纸、石彦龙裤子外层纸	木浆	现代机制纸
		石彦龙裤子赭色纸、石彦龙马鞭穗纸、杨太后袖口白纸、杨太后裤角纸	麻浆	麻纸
		左侧壁附着纸、石彦龙黄衣外层纸、李广后背红纸	皮浆	皮纸
		石彦龙上衣纸	木浆、麻浆	麻纸
		石彦龙马鞭纸	木浆、草浆	现代机制纸
		石彦龙披风内层纸	草浆、竹浆	竹纸
4	《反西凉》	马超黑靴纸、马岱贴花纸	木浆、麻浆	麻纸
		马超右裤外层和内层纸	草浆	宣纸
		马超前胸最内层和第二层纸、马超左裤内层绿纸、马岱上衣纸	麻浆	麻纸
		马岱上衣内红纸、桌子绿纸	竹浆	竹纸
		曹操红衣纸	竹浆、草浆	竹纸
		马岱衣领内层纸	麻浆、竹浆	麻纸
		马超左裤外层纸、马岱裤子白纸	木浆	现代机制纸
		马超外衣纸	麻浆、草浆	麻纸
5	《三虎庄》	呼延庆右脚黑色裹纸、呼延庆左肩外衣纸、呼延庆后背蓝紫衣外层纸	竹浆	竹纸
		呼延庆右腿绿色裤角纸、左肩蓝紫衣内层纸、焦玉上衣内层纸	皮浆	皮纸

续表

序号	纱阁戏	检测位置	检测结果	选配材料
5	《三虎庄》	呼延庆右腿裤外层纸、焦玉上衣外层纸、焦玉靴子剖面贴纸、焦玉裤子纸	木浆	现代机制纸
		呼延庆右腿纸、呼延庆衣服下黄色内裹纸、孟强白色领口内层纸、孟强脱落红纸、孟强右臂裹纸	草浆、皮浆	宣纸
		呼延庆左肩纸	草浆、针叶木浆	现代机制纸
		孟强腰间绿色束带纤维	化学纤维	
		孟强袖口白色花边纸、焦玉足部铁丝裹纸、底板上脱落纸	麻浆	麻纸
		焦玉上衣最内层纸	阔叶木浆	现代机制纸
		焦玉靴上部贴纸	针叶木浆	现代机制纸
6	《白蛇传》	和尚裤子脱落纸、底板上脱落纸	针叶木浆	现代机制纸
		底板上脱落纸	木浆	现代机制纸
		许仙蓝袍脱落纸屑	竹浆	竹纸
7	《双带箭》	公主盖脚裙纸、李密淡棕袍纸、王伯当裤纸	针叶木浆	现代机制纸
8	《邓家堡》	欧阳春红衣脱落纸	竹浆	竹纸
		邓车外衣外层纸	草浆、皮浆	宣纸
		邓车外衣内层纸、木阁背板纸	木浆	现代机制纸
		花蝴蝶裤子纸	针叶木浆	现代机制纸
9	《画春园》	家童袖口纸	草浆	宣纸
		家童蓝袍内层纸、傅园恩黑长袍纸	皮浆	皮纸
10	《大进宫》	椅子红纸	麻浆	麻纸
11	《溪皇庄》	彭公黑上袍纸	阔叶木浆、草浆	现代机制纸
		尹亮裤子内层纸	草浆、麻浆	麻纸
		褚彪裤外层纸	竹浆	竹纸
12	《五岳图》	中军衣服下层衬纸、张奎裤外层纸、中军衣服纸	皮浆	皮纸

续表

序号	纱阁戏	检测位置	检测结果	选配材料
13	《司马庄》	赵王下身官服两侧纸	皮浆	皮纸
		包公黑官袍纸、赵王右小臂官服内层裹纸和外层脱落纸、包夫人裤脚银色纸	木浆	现代机制纸
		包公黑官袍脱落纸	草浆、木浆	现代机制纸
		包公袖口纸	麻浆、草浆	麻纸
14	《佘塘关》	杨衮外衣纸	皮浆	皮纸
		杨衮帽纸	草浆、阔叶木浆	现代机制纸
15	《岳飞北征》	底板上脱落纸	木浆	现代机制纸
		乳母袖口脱落纸	阔叶木浆	现代机制纸
		王佐黑袍纸	针叶木浆	现代机制纸
16	《百花点将》	底板上脱落纸	皮浆	皮纸
		底板上脱落纸	草浆、木浆	现代机制纸
17	《冀阳关》	武元昭外长袍下缘纸、岑彭衣领内侧白纸、岑母肩头黄色纸、岑母左手袖口贴纸、岑母衣领内侧纸、彭程内层紫色纸	草浆	宣纸
		岑彭右臂外浅蓝色纸、岑彭脱落黑纸、邓禹下衣粘花纸	竹浆	竹纸
		木阁背板书法纸	竹浆、麻浆	麻纸
		邓禹上衣下缘贴花纸、彭程内层黄贴纸、邓云后背纸	木浆、麻浆	麻纸
		岑彭右臂衣服内层白色纸、桌腿黑色裹纸、岑彭脱落纸	麻浆	麻纸
		桌面黑色和红色贴纸、岑彭粉色上衣外层纸、胸前绿色贴花纸、衣领红色纸、桌子红色纸、邓禹下衣腿后本色纸、木阁背板贴纸	针叶木浆	现代机制纸
		木箱右侧板上题记贴纸	针叶木浆、麻浆	麻纸
		岑彭蓝色外裙下部纸	木浆、草浆	现代机制纸
		邓禹披风外层纸、彭程肩部外层贴纸	木浆	现代机制纸
		岑彭上衣外层灰蓝色纸、岑母右裤脚纸	阔叶木浆	现代机制纸
		彭程肩部内层贴纸	草浆、麻浆	麻纸

第4章 修复材料选择及修复方法试验

续表

序号	纱阁戏	检测位置	检测结果	选配材料
18	《满床笏》	底板上脱落纸	木浆	现代机制纸
		郭爱袖口纸	草浆、皮浆	宣纸
		郭爱裹颈圈纸	竹浆	竹纸
19	《困铜台》	寇准棕袍纸、柴郡主黑裤纸	木浆	现代机制纸
		柴郡主外袍纸	草浆、木浆	现代机制纸
		杨六郎红袍下贴花纸	草浆	宣纸
		杨六郎红袍纸	草浆	草纸
20	《战洛阳》	罗成手中枪黑色裹纸	草浆、皮浆	宣纸
		徐茂公衣袍纸	针叶木浆	现代机制纸
21	《鸿门宴》	张良道袍纸	木浆	现代机制纸
		项庄白须用纸	针叶木浆	现代机制纸
22	《斩黄袍》	内侍外袍纸、内侍右袖口纸	麻浆	麻纸
		内侍右腿裤外层纸	皮浆	皮纸
		内侍左腿膝盖外裤纸、韩龙长袍和下缘贴花纸、韩龙袖口纸、高怀德背旗纸、高怀德袖口纸	木浆	现代机制纸
		高怀德刀鞘铁丝裹纸	麻浆、木浆	麻纸
23	《金台将》	太监蓝衣脱落纸	麻浆	麻纸
		邹妃裤脚脱落纸	木浆	现代机制纸
24	《恶虎村》	黄天霸大衣内层下部和外层纸、黄天霸红裤纸、武天虬黑衣脱落纸、武天虬黑大衣外层和内层纸	木浆	现代机制纸
25	《狐狸缘》	家童上衣内层纸	麻浆	麻纸
		家童上衣外层纸、道士裤外层纸、道士黑长袍内层和外层纸	木浆	现代机制纸
		道士裤内层纸	草浆	宣纸
26	《反棠邑》	丫鬟黑衣裤纸	草浆、皮浆	宣纸
		丫鬟黑衣裤边缘修复纸	木浆	现代机制纸
		苍头黑衣脱落纸	皮浆	皮纸
		丫鬟肩膀上衣纸、家仆裙纸	麻浆	麻纸

续表

序号	纱阁戏	检测位置	检测结果	选配材料
27	《八义图》	赵武红裤纸、赵武护腿纸	竹浆	竹纸
		朝厥袖口纸	木浆、麻浆	麻纸
		朝厥红袍纸	草浆	宣纸
		程婴裤外护腿纸	草浆、麻浆	麻纸
		程婴裤纸	麻浆	麻纸
28	《春秋笔》	徐羡之头部裹纸、徐羡之外衣纸	草浆	宣纸
		徐羡之棕色上衣纸	木浆	现代机制纸
29	《铁钉床》	罗夫人上衣纸、罗夫人裤子脱落纸	针叶木浆	现代机制纸
		马刚黑衣脱离纸	木浆	现代机制纸
30	《祥麟镜》	老者外衣纸	木浆	现代机制纸
		许明武器和穗贴纸	麻浆	麻纸

2. 纺织品选配材料

纺织品选配材料如表 4.11 所示。

表 4.11　纺织品选配材料

序号	纱阁戏	取样位置	检测结果	选配材料
1	《游寺》	崔莺莺腰带纺织品	丝纤维	丝绸
		崔莺莺腰带絮状物	丝棉混织物	丝棉混织物
2	《出庆阳》	李广胸前黑色纺织品	棉纤维	棉织物
		石彦龙腰带蓝色纺织物	丝纤维	丝绸
		杨太后椅背覆盖丝织物	丝纤维	丝绸
		脱落物	毛类纤维	毛织物
		石彦龙上衣下缘贴花	棉纤维	棉织物
		杨太后头发	动物毛发	头发
3	《反西凉》	马超捆扎绳	麻纤维	麻织物
4	《冀阳关》	岑彭腰带纺织品	丝纤维	丝绸
		岑母胸前黑色纺织物	丝纤维	丝绸
		脱落棉絮草绳	棉纤维	棉织物
		邓禹腰带织物	丝纤维	丝绸

续表

序号	纱阁戏	取样位置	检测结果	选配材料
5	《邓家堡》	欧阳春红须	丝纤维	丝绸
		包公背后围幕红色纺织品	棉纤维	棉织物
		包公背后围幕上垂条	丝纤维	丝绸
6	《大进宫》	太后裤子	棉纤维	棉织物
7	《司马庄》	包公背后围幕红色	棉纤维	棉织物
		包公背后围幕上垂条	丝纤维	丝绸
8	《岳飞北征》	乳母头发	毛类纤维	毛织物
9	《赶龙船》	周善黑色胡须	丝纤维	丝绸
		脱落残留纤维	棉纤维	棉织物
		赵云帽两侧飘带	丝纤维	丝绸
10	《三疑计》	翠花粉色头花纺织品	丝纤维	丝绸
		唐通胡子	丝纤维	丝绸
11	《金台将》	太监拂尘	麻纤维	麻织物
		邹妃头发	丝纤维	丝绸
12	《狐狸缘》	林茂恩胡须	麻纤维	麻织物
13	《反棠邑》	苍头蓝色腰带	棉纤维	棉织物
14	《春秋笔》	檀道济黑色胡须	麻纤维	麻织物
15	《铁钉床》	木阁外疑似纱帘残留	丝纤维	丝绸
		木柜上纺织品	丝纤维	丝绸

3. 土样选配材料

土样选配材料如表 4.12 所示。

表 4.12 土样材料选配

样品名称	分析方法1	分析方法2	鉴定结果	选配材料
《三虎庄》焦玉手指脱落块	激光粒度仪	XRD	含有石英、石膏和白云母等矿物	塑土
《三虎庄》孟强靴子残块	激光粒度仪	XRD	含有石英和石膏等矿物	塑土
《三虎庄》脱落物	激光粒度仪	XRD	含有石英、石膏、长石等矿物	塑土
《反西凉》马岱衣领内泥土	激光粒度仪	XRD	含有石英和石膏等矿物	塑土

续表

样品名称	分析方法 1	分析方法 2	鉴定结果	选配材料
《反西凉》马超右足泥质样品	激光粒度仪	XRD	含有石英和石膏等矿物	塑土
《游寺》沙弥右脚鞋土质残块	激光粒度仪	XRD	含有石英和石膏等矿物	塑土
《冀阳关》岑彭脱落土质残块	激光粒度仪	XRD	含有石英和石膏等矿物	塑土

4. 金属类选配材料

金属类选配材料如表 4.13 所示。

表 4.13　金属类材料选配

样品名称	分析方法 1	分析方法 2	鉴定结果	选配材料
《困铜台》杨六郎帽贴金	扫描电镜	能谱	铜箔	铜箔
《困铜台》杨六郎冠金箔	扫描电镜	能谱	铜箔	铜箔
《三疑计》唐通帽翅金箔	扫描电镜	能谱	铜箔	铜箔
《三疑计》唐通剑样品	扫描电镜	能谱	铝箔	铝箔

5. 植物类选配材料

植物类选配材料如表 4.14 所示。

表 4.14　植物类选配材料

样品名称	分析方法 1	分析方法 2	鉴定结果	选配材料
《黄鹤楼》周瑜身体插签	XWY-Ⅵ型纤维测量仪	超景深三维显微镜	竹	竹
《黄鹤楼》脱落物	XWY-Ⅵ型纤维测量仪	超景深三维显微镜	稻草	稻草
《黄鹤楼》周瑜身体填草	XWY-Ⅵ型纤维测量仪	超景深三维显微镜	稻草	稻草
《反西凉》马超裆部草类	XWY-Ⅵ型纤维测量仪	超景深三维显微镜	稻草	稻草
《反西凉》桌架	XWY-Ⅵ型纤维测量仪	超景深三维显微镜	高粱秆	高粱秆
《游寺》崔莺莺脖竹签（断）	XWY-Ⅵ型纤维测量仪	超景深三维显微镜	竹	竹
《游寺》崔莺莺扎身草	XWY-Ⅵ型纤维测量仪	超景深三维显微镜	稻草	稻草
《游寺》崔莺莺草秆捆绳	XWY-Ⅵ型纤维测量仪	超景深三维显微镜	麻	麻
《三虎庄》焦玉右脚铁丝上裹草	XWY-Ⅵ型纤维测量仪	超景深三维显微镜	稻草	稻草

6. 颜料选配

颜料选配如表 4.15 所示。

表 4.15 颜料选配

样品名称	分析方法 1	分析方法 2	鉴定结果	选配材料
《游寺》张生左手颜料层	扫描电镜	能谱	可能含有铅丹、铅白等含铅的矿物颜料	含铅的矿物颜料
《赶龙船》赵云鼻子	扫描电镜	能谱	可能含有含铅的矿物颜料	含铅的矿物颜料

4.1.6 清洗材料选配

首先采用不同规格的水粉笔和毛笔,与吸耳球相结合,对文物进行彻底的清尘。人物外层的纸张存在不同程度的破损,灰尘从人物衣服的缝隙和破损处落到内部的材料上。由于灰尘对文物各材质的不利影响较大,所以一定要全方位、无死角地清尘。对于戏人内层,笔刷不易到达的地方,可采用吸耳球吹气的方法,将灰尘去除,对于笔刷能达到的地方,根据文物现状,采用不同软硬毛的笔,轻轻将其去除。

戏人腰部和头饰部分丝织品的病害主要为糟朽和污染。项目组借助毛刷等工具,采用蒸馏水和 pH4.7 的醋酸溶液对戏人的腰带、冠饰位置的丝织品进行清洗。在清洗前使用无酸纸和塑料薄膜进行局部隔离,避免溶液渗透到未处理的其他部位,造成污染。接着用毛刷蘸取质量分数为 1% 的表面活性剂进行整体清洗,等待 10—15 min,使清洗液与丝织物携带的污渍物充分作用,然后用蒸馏水清洗干净;针对比较顽固的污渍,使用 pH4.7 的醋酸溶液进行清洗,一边涂刷醋酸溶液一边用蒸馏水清洗,确保清洗后织物的 pH 为中性。

4.2 修复方法试验

根据病害检测分析、制作材料检测分析及制作方法研究,结合平遥县三位纱阁戏人非物质文化遗产继承人的制作戏人的经验,我们选定三阁未定级纱阁戏人文物,通过试修复进行保护修复方法试验。

4.2.1 试验性保护修复技术路线

纱阁戏人的工艺具有特殊性、复杂性,包含了纸扎、泥塑、彩绘、剪纸、贴花等工艺,国内没有此类文物的修复保护经验可循,为慎重起见,项目组选取了库房内三阁残损严重,且未定级的纱阁戏人文物进行试验性修复。经专家讨论,项目组聘请了平遥当地有制作纱阁戏人丰富经验的绍悦文、雷旺盛、冀云丽三位非物质文化遗产传承艺人来完成此次试验性修复工作。由中国科大负责病害检测分析研究,荆州文物保护中心专家负责技术指导,山西省文物保护研究中心纸质保护技术人员负责现场协调、质量把关及修复资料整理。

依据检测分析结果保护修复材料、修复方法试验结果及实施方案,绍悦文师傅修复的《反西凉》与雷旺盛师傅修复的《冀阳关》采取拆解法,把衣服、彩塑、装饰等拆解开分别予以保护修复,待修复保护完成后再组装恢复原位。冀云丽师傅修复的《出庆阳》采取原位法,不进行文物拆解,利用各种自制工具对文物进行整体保护修复。戏人修复技术路线如图4.1所示。

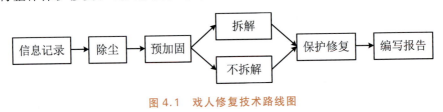

图4.1 戏人修复技术路线图

4.2.2 修复步骤

1.《反西凉》《冀阳关》拆解法修复步骤

(1)除尘。主要以机械法为主,用毛刷、油画笔、吸耳球等清除浮尘,如图4.2所示。

(2)预加固。有的纱阁戏人纸质部位受病害侵蚀变得脆化糟朽,轻触即掉,需要进行预加固处理。加固材料选用新型加固剂,方法是将加固剂加去离子水稀释到10%,用喷壶雾化喷洒加固或刷涂加固,要求增加强度而不改变纸张颜色,如图4.3所示。

图 4.2 除尘

图 4.3 预加固

（3）拆解。纱阁戏人文物制作是在其骨架上直接着纸质服饰，没有身体表皮作为支撑，没有特殊工具，很难进行服饰背侧加固及补裱保护修复，两位传承人采取拆解服饰进行保护修复，分件修复完成后再组装恢复的方法，如图 4.4 所示。

图 4.4 拆解

（4）保护修复：

① 纺织品的清洗。把拆解的纺织品在表面活性剂中浸泡 20 min，之后将纺织品放入去离子水中浸泡 20 min，反复 3 次。从去离子水中取出纺织品，用

吸水纸吸干水分,平铺于纸上晾干,如图4.5所示。

图4.5　纺织品的清洗

② 纸质部分的修复。将拆解下来的纸用托裱的方法进行补、托加固,压平后,按原折痕折叠后穿于人物身上,如图4.6、图4.7所示。

图4.6　修复托裱

图4.7　折叠着装

图 4.7　折叠着装(续)

③ 泥塑部分加固。9 位戏人的手部泥塑有不同程度的老化,如酥解、开裂、脱落、掉渣,需要加固处理。

a. 对于酥解、起甲不严重的文物,选用质量分数分别为 1% 的丙烯酸乳液和硅丙乳液 1∶1 混合对彩塑起甲颜料层进行渗透加固,干燥一星期后,用质量分数为 5% 的鱼鳔胶封护 2 次,如图 4.8、图 4.9 所示。

图 4.8　加固修复前　　　　　　　　　图 4.9　加固修复后

b. 对于酥解、起甲较为严重的文物,先用质量分数为 0.5%—2% 的明胶喷涂加固,干燥一周后,选用质量分数分别为 1% 的丙烯酸乳液和硅丙乳液 1∶1 混合对彩塑起甲颜料层进行渗透修复,待渗透层干至一定程度时,使用修复刀或棉球将起甲部分回贴压实。待彻底干燥后用质量分数为 5% 的鱼鳔胶封护 2 次,如图 4.10、图 4.11 所示。

图 4.10　手部酥解　　　　　　　图 4.11　加固修复后

④ 缺失彩塑补配。原则上只对有依据的缺失部位进行补配,本试验性修复为了体现保护修复效果,采取模拟复原补配,补配件只代表传承人的个人理解,并且不与文物粘接在一起,只作为评估时的效果性装饰,文物展览时将其去除。

《反西凉》《冀阳关》中戏人头部均不存。传承人在查阅戏曲资料确定人物形象的基础上,参照展厅中同类人物的头面部形象塑造了戏人的头部。塑造头部的工序为:胶泥塑形—石膏翻模—轻质混合材料中空塑形—腻子刮平—上底色—开脸—蛋清出光。

塑形的胶泥可以使用普通胶泥,只需形状、大小及眉眼雕塑到位即可。以此翻好石膏模具,其头部要尽量保证轻便,因为戏人承重的身体材料为高粱秆、纸质材料,无法承受太多重量。因此,项目组采用混了麻刀、宣纸、小麦淀粉、棉花的胶泥塑头,以减轻重量。

由于胶泥里添加了麻刀、宣纸、小麦淀粉、棉花等物质,成型后容易有孔洞,表面不光滑,可用滑石粉和成腻子反复涂抹、刮平表面,如图 4.12、图 4.13 所示。

上底色时用毛笔蘸取白色矿物颜料加少许明胶混合成的白色颜料一笔笔描画。底色必须均匀,不能出现漏泥,往往要涂 3 次以上才能达到均匀、细密效果,如图 4.14 所示。

开脸指用矿物颜料给人物描画眉眼,女性一般用粉红色描画,花脸一般用黑色描画,如图 4.15 所示。

图 4.12 塑头

图 4.13 灌注面部

图 4.14 做底色

图 4.15 开脸

⑤ 做头饰。头饰主要包括帽子、头发、胡须等。帽子用无酸纸折叠而成，配以金属饰片、毛绒球、小弹簧等。做头饰的工序为：测量尺寸—折叠帽基—包裹丝绸—画图案—镂空—上饰片—沥粉—组合成型—刷金—贴金—做旧，如图 4.16 至图 4.31 所示。

黑色帽基用丝绸包裹，金色部分先刷了清漆再贴金箔，然后做旧。

图 4.16　测量帽饰尺寸

图 4.17　制作帽饰

图 4.18　帽饰作色 1

图 4.19　帽饰作色 2

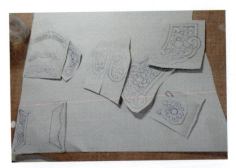

图 4.20　绘制帽饰纹饰

图 4.21　雕刻帽饰纹饰图

图 4.22　制作帽饰纹饰 1

图 4.23　制作帽饰纹饰 2

图 4.24 制作帽饰纹饰 3　　　　图 4.25 帽饰半成品

图 4.26 帽饰 1　　　　图 4.27 帽饰 2

图 4.28 帽饰 3　　　　图 4.29 帽饰 4

图 4.30 帽饰做旧 1　　　　图 4.31 帽饰做旧 2

岑妻、岑母的发髻用黑丝线做成。还贴了金属亮片装饰，如图 4.32、图 4.33 所示。

图 4.32　发髻制作

图 4.33　发髻上头

老生胡须用丝线来制作。为了区分武生和老生,武生的胡须用较粗的丝线完成,颜色黑、胡须硬直。老生的胡须用较细丝线完成,颜色花白,胡须细软,如图 4.34 至图 4.37 所示。

图 4.34　老生胡须制作

图 4.35　武生胡须制作

图 4.36　制作完成的胡须 1

图 4.37　制作完成的胡须 2

⑥ 兵器制作。参照其他纱阁戏人文物所用武器材质及制作工艺,项目组用麻、高粱秆、锡箔纸、丝线等完成了武生手上兵器的制作,如图 4.38、图 4.39 所示。

图 4.38　刀制作

图 4.39　矛制作

⑦ 骨架修复。选用质量分数为 0.5%—2% 的明胶喷涂以对骨架进行渗透加固,对断裂骨架通过选用同材质秸秆进行插芯、用丝线捆绑等方式进行固定修复,如图 4.40、图 4.41 所示。

图 4.40　骨架捆绑固定 1

图 4.41　骨架捆绑固定 2

⑧ 组装。根据拆解顺序逆向进行复原组装,组装时无依据的补配件采取插接法固定在文物上,后期可根据需要去除,如图 4.42、图 4.43 所示。

图 4.42　《反西凉》组装后

图 4.43 《冀阳关》组装后

2.《出庆阳》原位法修复步骤

(1) 除尘。主要以机械法为主,用毛刷、油画笔、吸耳球等清除浮尘,如图 4.44、图 4.45 所示。

图 4.44 除尘

图 4.45 《出庆阳》除尘后

(2) 预加固。有的纱阁戏人纸质部位受病害侵蚀变得脆化糟朽,轻触即掉,需要进行预加固处理。加固材料选用新型加固剂,方法是将加固计加去离子水稀释到 10%,用喷壶雾化喷洒加固或刷涂加固,要求增加强度而不能改变纸张颜色,如图 4.46 至图 4.49 所示。

图 4.46　部位 1 加固修复前

图 4.47　部位 1 加固修复后

图 4.48　部位 2 加固修复前

图 4.49　部位 2 加固修复后

（3）保护修复：

① 纺织品的清洗。在其周围衬垫塑料布,将表面活性剂涂刷在纺织品上,静待 5—10 min,涂刷去离子水进行漂洗,之后用吸水纸吸取水分,晾干,如图 4.50 所示。

图 4.50　纺织品的清洗

② 对于不拆解的纸质材料,采用内补、外贴的方法进行修复,如图 4.51、图 4.52 所示。

图 4.51　内补式修复

 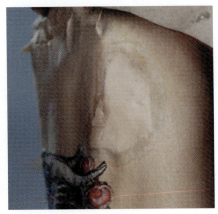

部位 1 修复前　　　　　　　　　　　部位 1 外贴式修复后

部位 2 修复前　　　　　　　　　　　部位 2 外贴式修复后

图 4.52　外贴式修复

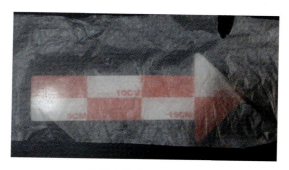

外贴式修复所用薄皮纸

图 4.52　外贴式修复(续)

③ 泥塑部分加固。戏人的手部泥塑多有不同程度的老化,如酥解、开裂、脱落、掉渣,需要加固处理。

a. 对于酥解、起甲不严重的文物,选用质量分数分别为 1% 的丙烯酸乳液和硅丙乳液 1∶1 混合对彩塑起甲颜料层进行渗透加固,干燥一星期后,用质量分数为 5% 的鱼鳔胶封护 2 次。

b. 对于酥解、起甲较为严重的文物,先用质量分数为 0.5%—2% 的明胶喷涂加固,干燥一周后,选用质量分数为 1% 的丙烯酸乳液和硅丙乳液 1∶1 混合对彩塑起甲颜料层进行渗透修复,待渗透层干至一定程度时,使用修复刀或棉球将起甲部分回贴压实。待彻底干燥后用质量分数为 5% 的鱼鳔胶封护 2 次。为了更好地保护病害严重的彩塑,传承人还在病害严重的戏人的手上贴覆一层皮纸,如图 4.53 所示。

④ 缺失彩塑补配。原则上只对有依据的缺失部位进行补配,本试验性修复为了体现保护修复效果,采取模拟复原补配,补配件只代表传承人的个人理解,并且不与文物粘接在一起,只作为评估时的效果性装饰,文物展览时可以去除。

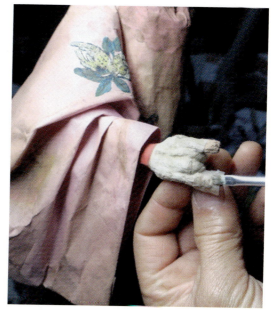

图 4.53　手指加固

《出庆阳》中只有杨太后的头部存在,其余戏人的头部均不存。传承人在查阅戏曲资料确定人物形象的基础上,参照展厅中同类人物的头面部形象塑造了其余戏人的头部。塑造头部的程序为:胶泥塑形—石膏翻模—轻质混合材料中空塑形—腻子刮平—上底色—开脸—蛋清出光。

塑形的胶泥可以使用普通胶泥,只需形状、大小及眉眼雕塑到位即可。以此翻好石膏模具,其头部要尽量保证轻便,因为戏人承重的身体材料为高粱秆、纸质材料,无法承受太多重量。因此,项目组用混了麻刀、宣纸、小麦淀粉、棉花的胶泥塑头,取代部分胶泥,以减轻重量。

由于胶泥里添加了麻刀、宣纸、小麦淀粉、棉花等物质,成型后容易有孔洞,表面不光滑,可用滑石粉和成腻子反复涂抹、刮平表面,如图4.54、图4.55所示。

上底色时用毛笔蘸取白色矿物颜料,加少许明胶混合成的白色颜料一笔笔描画。底色必须均匀不能出现漏泥,往往要3次以上才能达到均匀、细密效果,如图4.56所示。

开脸指用矿物颜料给人物描画眉眼,女性一般用粉红色描画,花脸一般用黑色描画。

图4.54 塑头

图4.55 翻制模具

图4.56 上底色

⑤ 做头饰。头饰主要包括帽子、头发、胡须等。帽子用无酸纸折叠而成，配以金属饰片、毛绒球、小弹簧等。做头饰的工序为：测量尺寸—折叠帽基—包裹丝绸—画图案—镂空—上饰片—沥粉—组合成型—刷金—贴金—做旧，如图4.57所示。

黑色帽基用丝绸包裹，金色部分先刷了清漆再贴金箔，然后做旧。

图 4.57　做头饰

⑥ 骨架修复。选用质量分数为 0.5%—2% 的明胶喷涂以对骨架进行渗透加固，对断裂骨架通过选用同材质秸秆进行插芯、用丝线捆绑等方式进行固定修复。

修复后的效果如图 4.58 所示。

图 4.58 《出庆阳》

4.2.3 防霉防虫

项目组采用文物消毒系统(含环氧乙烷熏蒸剂)对文物进行防虫防霉处理。环氧乙烷混合气体熏蒸温度控制在室温,相对湿度控制在 30%—50%。该批文物是在室温条件下进行熏蒸的,相对安全可靠,熏杀效果随着环氧乙烷浓度的增加而提高。环氧乙烷渗透力好、扩散性好、挥发性强,不会影响文物的外观和材质。

4.2.4 修复效果评估

1. 拆解修复法的优缺点

(1)拆解修复法优点:文物清洗、脱酸彻底,纸质材料部分得到完全加固,修复工作开展较容易。

(2)拆解修复法缺点:拆解后恢复难度很大,尤其是纸质材料及纺织品部分,很难恢复原来的衣纹及位置。

2. 原位修复法的优缺点

(1) 原位修复法优点:不改变文物原貌,文物原有信息丢失少,符合最少干预及保护原状的文物修复原则。

(2) 原位修复法缺点:文物清洗不彻底,纸质材料部分加固,只能清洗衣物饰品表面,内部无法清洗、脱酸,修复难度大。

经专家对试验性修复效果评估,建议对于一级纱阁戏人文物,修复时应采取原位修复法,坚持最小干预原则,让文物"带病延年"。

第 5 章　纱阁戏人文物保护修复

纱阁戏人文物以纸、泥、木头、谷草、绸缎、皮毛、棉布、麻绳等为原料,以传统戏曲为题材,集纸扎、泥塑、彩绘、剪纸、贴花等工艺于一体,根据试验性保护修复结果可知,用纸制作的服饰,其衣褶及装饰一旦拆解,就无法恢复原样,在保护修复时只能就其原型开展病害处理工作,因此保护修复时必须谨慎细心。

5.1　工具和保护修复材料

本次保护修复中使用的工具及材料有:排笔、毛笔、棕刷、羊毛刷、洗耳球、竹签、剪刀、手钳、砂纸、手术刀、四尺棉料单宣、六尺棉料单宣、皮纸、吸水纸、绢、绫、明胶、鱼鳔胶、去离子水、酒精、矿物颜料、石膏粉、胶泥、银片、鬃毛、丙烯酸乳液和硅丙乳液 1∶1 混合液、NanoBookSave 无水纳米脱酸液、蛋白夜、新型脆弱纸质加固剂等。

5.2 文物保护修复的依据和原则

1. 保护修复的依据

(1)《中华人民共和国文物保护法》。
(2)《中华人民共和国文物保护法实施条例》。
(3)《馆藏纸质文物病害分类与图示》(WW/T 0026-2010)。
(4)《馆藏金属文物保护修复方案编写规范》(WW/T 0009-2007)。
(5)《陶质彩绘文物保护修复方案编写规范》(WW/T 0022-2010)。

2. 保护修复的原则

(1)最少干预性原则。尽量避免对文物本体再次破坏、尽可能地减少修复材料和修复技术对文物的干预,所有修复都在不拆卸文物的基础上进行。

(2)可再处理性原则。文物保护修复的理念、技术材料都是不断更新的,材料与技术的选择应考虑选择具有可再处理性的材料与技术,即一旦需要更换或者有更好的修复材料时,本次修复中附加的部位要易于去除,且不影响和损坏文物的原始状态,更不应改变其原始材料。

(3)再现文物历史价值与艺术价值相结合的原则。文物的保护修复的最终目标要以修复对文物本体不会产生破坏或影响为前提,重在对文物本体进行保护修复,对其历史痕迹尽量保留,以更多地体现文物的历史价值和艺术价值。

5.3 保护修复技术路线

本次保护修复只针对文物中一些不稳定的病害(可能会对文物产生进一步危害的病害,如断裂、折痕、污渍、微生物等),对于一些稳定性病害(不会再对文物产生危害,如水渍、变色等)不做处理。具体保护修复技术路线如图5.1所示。

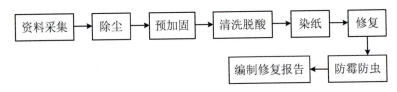

图 5.1 保护修复技术路线

5.3.1 纸质材质修复流程

1. 资料采集

利用照相、数字化扫描、文字记录等方法对纱阁戏人纸质材料的信息进行记录,为保护修复档案填写提供详细、可靠资料。

2. 除尘

用毛刷、油画笔轻轻刷纸质材料表面灰尘,待灰尘浮动后用吸耳球吸除浮尘,刷灰尘及吸灰尘的力度要掌握恰当,防止对纸质材料表面造成新的破坏,如图5.2所示。

图 5.2 用毛刷除尘

3. 糟朽部位预加固

加固材料选用新型脆弱纸质加固剂,方法是加去离子水稀释到10%,用喷壶雾化喷洒加固或刷涂加固,要求增加强度而不能改变纸张颜色,如图5.3

所示。

图 5.3 刷涂法加固

4. 清洗脱酸

用棉签、画笔蘸取 NanoBookSave 无水纳米脱酸液,适量、均匀在纸质表面涂刷,切勿过量,干燥后用 pH 检测仪进行检测,循环多次,直至 pH 为 7 左右,如图 5.4、图 5.5 所示。

图 5.4 棉签清洗

图 5.5 刷涂脱酸

5. 染纸

(1) 颜料:矿石色颜料、锡管式中国画颜料、茶叶等。

(2) 纸张:

① 补缺纸,依据文物纸张的厚度、颜色,根据监测数据选用近似的手工纸(以皮纸为主),作为残缺处的补纸。

② 连接纸,即将断裂的两部分纸张黏合在一起的修复纸,抑或将补缺纸粘

贴在文物上的连接纸。此种纸张选用极薄的马尼拉皮纸。这种皮纸既可将断裂或补残纸粘贴在文物上，又因其较薄，接近丝网加固效果，不影响原文物外观效果。

（3）根据纸张颜色状况选用矿石色颜料、锡管式中国画颜料、茶叶等配制染色剂，浓度依据染色纸张干燥后的色度确定，如图5.6、图5.7所示。

图5.6 配制染纸剂染纸

图5.7 凉纸

6. 修复

（1）补缺。将染好的补缺纸，依残缺处的大小圈裁，涂刷含有防霉灭菌剂的由小麦淀粉调制的糨糊，贴于染好色的马尼拉皮纸上。作为辅助衬托的马尼拉皮纸，要比补缺纸半径大0.5 cm，用以连接补缺纸和文物。在马尼拉皮纸的外侧，涂刷稀薄浆水以将其固定在戏人身上，如图5.8、图5.9所示。

图5.8 测量补缺纸面积

图5.9 用糨糊粘接

（2）起翘处修复。在起翘面及本体面上用毛笔涂抹质量分数为30%左右的糨糊，待起翘部位软化后用干的画笔将其恢复原位，如图5.10、图5.11所示。

图 5.10　测量补缺纸面积

图 5.11　空鼓部位涂刷糨糊

（3）修补断裂。将染色后的马尼拉皮纸撕成 0.6 cm 左右长的纸条，将含有防霉灭菌剂的由小麦淀粉调制成的稀薄浆水涂于马尼拉皮纸上，并以马尼拉皮纸粘接断裂处，使其加固断裂的文物，如图 5.12 所示。

图 5.12　修补断裂

7. 做旧

用酒精、虫胶及矿石色颜料配制相应颜色对接缝、补配位置进行补色，保证修复部位整体协调一致。

5.3.2 彩塑材质修复流程

1. 资料采集

利用照相、数字化扫描、文字记录等方法对纱阁戏人彩塑存在的信息进行记录,为保护修复档案填写提供详细、可靠资料。

2. 除尘

用吸耳球小心地将龟裂裂缝处和彩塑起翘处背后的尘土吹干净,然后用软毛刷将彩塑表面的尘土清扫干净,以便为下一步的软化和加固颜料层做准备,如图5.13所示。

图5.13 脚部位除尘

3. 第一次加固

将质量百分数分别为1%的丙烯酸乳液和硅丙乳液1∶1混合对酥解的泥塑部位进行渗透加固,干燥一星期后,用质量分数为5%的鱼鳔胶封护,如图5.14、图5.15所示。

图5.14 断裂手腕处预加固

图5.15 脚后跟处加固

4. 清洗

用棉签或棉球蘸取去离子水在泥塑表面滚动,轻轻除去污染物,难以去除的污染物用2A或3A溶液涂抹去除,如图5.16所示。清洗时力度要恰当,不可伤及彩塑部位。

5. 第二次加固

对于酥解脱落的泥塑部位,将质量百分数分别1%的丙烯酸乳液和硅丙乳液1:1混合,用混合液对酥解的泥塑部位进行渗透加固,并用质量分数为5%的鱼鳔胶封护,再用添加了麻刀、宣纸的胶泥进行修补,如图5.17、图5.18所示。修补后的文物表面应与原文物的表面协调。

对于文物手部存在的断裂、松动等病害,保护修复方法如下:

(1) 检查松动部位的内部结构,观察内部支撑体是否需要加固或除锈,支撑体若糟朽,可采取打眼植入新的支撑体的方法。

图 5.16 清除污染物

图 5.17 配置胶泥

图 5.18 补配加固

(2) 湿润断口,把残指摆放到位并固定,再用泥浆、辅料和明胶的混合材料填补和粘接。

(3) 用注射器将泥浆和明胶的混合液注射到缝隙内,以粘接微细断裂处和填补裂隙,如图5.19所示。

(4) 残缺部位的补塑。用塑泥、辅料和明胶的混合物填补手或靴子的残缺处,以保证加固胎体的同时使文物具有完整性,如图5.21至图5.22所示。

图 5.19 粘接微细断裂处和填补裂隙

图 5.20 补塑脚后跟

图 5.21 补塑手指 1

图 5.22 补塑手指 2

（5）干燥后修整粘接修补面使其整体协调，根据彩绘画面及颜色进行彩绘处理。

6. 颜料层出现龟裂、起甲等病害的修复方法

（1）龟裂病害的修复。用细针管在龟裂裂缝处注射去离子水，待水分慢慢

潮润颜料层,再在裂缝处注射质量分数为0.5%的明胶溶液,并用丝绸包裹药棉制成的棉球滚压,应从颜料层未裂口处向裂缝处轻轻滚压,至颜料层回贴稳固,如图5.23所示。

图5.23　手部龟裂修复

（2）起甲病害的修复。先用注射器将质量分数为2.5%的聚醋酸乙烯乳液注射到起甲的裂口处,注射时针头应伸进起甲画面的底部。待注射的黏合剂被地仗层吸收后,用竹、木刀或不锈钢刀,用力适当轻轻压贴回地仗层,特别注意不可用力过大或过猛而压碎颜料层。之后,用质地细腻的绸缎包扎脱脂棉做成直径约5 cm的棉球排压起甲处。排压时从未开裂起甲部位向开裂处轻轻滚压,以便使空气排出,防止出现气泡和将表面压出褶皱。

7. 颜料层的补绘

结构层加固、填补完成后,在修补处进行打底、补绘颜料,使文物具有完整性,如图5.24所示。

图5.24　颜料层的补绘

8. 封护

加固、修补、补绘等工作结束后,在彩塑的表面用质量分数为1%的鱼鳔胶进行封护,可依文物具体情况封护1至2遍。

5.4.3 纺织品修复

1. 胡须的修复

将胡须摘取下来,用表面活性剂对未绑缚在金属部件上的胡须进行清洗(据胡须状况确定使用浸泡式或涂刷式清洗方式),用去离子水漂洗,去除胡须上的表面活性剂,如图5.25所示。用吸水纸将胡须上的水分吸干,晾干后再将胡须抖动、捋顺,待文物修复完善后将胡须重装于文物上。

图5.25 清洗胡须

2. 帽子的修复

如图5.26、图5.27所示。

图5.26 清理污染物

图5.27 粘接帽花

(1) 清理污染物：用毛刷刷去浮尘，用洗耳球吹去缝隙里的尘土，用棉签蘸取 3A 溶液认真细致地清除掉帽子上的所有污染物。

(2) 对于掉落或残缺的金属或帽花部件，进行粘接和补配。

(3) 对于补配的部件，进行做旧处理，以达到与文物整体协调一致的效果。

3. 头饰的修复

(1) 清尘。用毛刷刷去浮尘，用洗耳球吹去缝隙里的尘土。

(2) 对于纺织品类饰品上的污染物，由于无法从文物上拆解下来，可用塑料纸及纸片把饰品与其他部位隔开，用毛笔蘸取表面活性剂涂抹进行清洁，清洁后用去离子水进行多次清洗，以去除饰品表面残留的表面活性剂，最后用吸水纸吸干，如图 5.28 所示。

(3) 对饰品进行修复。对破裂部位用同材质细线进行缝补修复，对缺失的部位用同材质布料做旧后缝合补配，如图 5.29 所示。

图 5.28　清洗帽子飘带

图 5.29　清理修补破裂处

4. 腰带的修复

腰带整体较为糟朽，有残缺、破损、褶皱、污渍等病害，故腰带的修复主要为清洗、加固及整形。

(1) 除尘清洗。依据文物情况，清洗有两种方法：一是对能拆解下来的纺织品腰带，将其投放到盛有表面活性剂的容器中浸泡，20 min 后取出，再投放到去离子水中进行漂洗，漂洗若干次后，用吸水纸将腰带上的水分去除，晾置一段时间，将腰带铺平，继续晾至干燥，待文物修复完毕，将修复好的腰带复原到文物上。二是对于不能拆解下来的纺织品腰带，清洗时先将塑料薄膜垫覆在文物上起隔离作用，再用毛笔将表面活性剂涂刷在腰带上，从下往上逐渐涂刷，静置 20 min 后，用毛笔将去离子水从下往上涂刷到腰带上，漂洗掉腰带上的表面活性剂。再用吸水纸吸掉腰带上的水分。晾置一段时间,整理腰带外形,至腰带干燥,撤去垫衬的塑料薄膜,如图 5.30 至图 5.32 所示。

图 5.30　表面活性剂涂刷

图 5.31　静置

图 5.32　以去离子水清洗

(2) 加固、整形。由于该组丝织品糟朽较为严重,在清洗后还需对其进行加固。加固选用的试剂质量分数为 10% 的蛋白溶液,用小毛刷蘸取适量的加固液轻轻涂刷在织物表面,等其渗透完全,停止加固,在室内自然晾干。为使加固后的织物看起来更加柔软自然,在织物半干半湿时,用手自上而下地轻轻梳理织物,将褶皱位置慢慢抚平,并对变形位置进行细微调整。整形后的丝织品看起来更加美观自然。

(3) 修复。对破裂部位用同材质细线进行缝补修复,对缺失的部位用同材质布料做旧后缝合补配。

5.3.4　饰品修复

饰品主要包括兵器、衣花、毛绒球、小弹簧等金属饰片、纸质类饰品等。保护修复工序为:清洗—封护;补配修复工序为:测量尺寸—画图案—镂空—上饰片—沥粉—组合成型—刷金—贴金—做旧。

10 阁纱阁戏人文物饰品基本完整,只需做清洗封护处理即可。

用棉签蘸取 2A 溶液去除饰品表面污染物,用质量分数为 1.5% 的 B72 溶液封护即可。

5.3.5 背板贴纸、贴画修复

选配与文物纸张颜色、厚度及材质相近的纸张为修补纸,将背板上的贴纸和贴画残缺的部位补齐。

背板上的贴纸、贴画有断裂的部位,用染色的马尼拉皮纸将其黏合,如图 5.33 所示。

图 5.33 背板贴纸修复

5.3.6 木阁保护修复

木阁基本完整,只需做除尘及防虫处理即可。除尘时采用毛刷清除浮土,用棉球蘸取去离子水清除污染物。

5.3.7 防菌防虫

项目组采用文物消毒系统(含环氧乙烷熏蒸剂)对文物进行防虫防霉处理。环氧乙烷混合气体温度控制在室温,相对湿度控制在 30%—50%,相对安全可靠,熏杀效果随着环氧乙烷浓度的增加而提高。环氧乙烷渗透力好、扩散性好、挥发性强,不影响文物的外观和材质。

5.4　保护修复实例

《邓家堡》纱阁戏人文物共有3个角色戏人,左1戏人脸部有皲裂裂缝,两裤腿破损;中间戏人袍子左侧破损;右1戏人左手食指断掉,左袖口破损,右手食指断裂。保护修复工作的实施步骤与操作方法如下:

5.4.1　欧阳春戏人修复

1. 拍照及资料采集

从不同角度对文物进行拍照,采集不同部位的微距照片,详细记录文物的病害信息和保存状况,如图5.34、图5.35所示。

图 5.34　欧阳春戏人正面

图 5.35　欧阳春戏人背面

2. 除尘

用毛刷、吸耳球等工具扫吹人物表面的浮尘。用棉棒蘸取 2A 溶液局部擦拭除去较为顽固的污渍,如图 5.36、图 5.37 所示。

图 5.36　背部除尘　　　　　　　图 5.37　道具除尘

3. 预加固

对于彩塑部分用毛笔蘸取质量分数分别为 1% 的丙烯酸乳液和硅丙乳液 1∶1 混合对酥解的泥塑部位进行渗透加固,干燥一星期后,用质量分数为 5% 的鱼鳔胶封护。

4. 清洗脱酸

对纸质材料部分用新型脆弱纸质加固液加固,如图 5.38 所示。

图 5.38　用新型脆弱纸质加固液加固

用便携式 pH 测量计测量纸张的 pH,红衣处 pH 为 4.32,酸度较高,易加速纸张老化,故需要进行脱酸处理。在欧阳春的红衣及帽子背后刷涂一层

NanoBookSave 无水纳米脱酸液,其挥发较快,不留痕迹。脱酸后纸质变软,且红色衣服更显干净亮丽。脱酸处理一周后,pH 显升高,接近中性。

5. 染纸

为使修补材料的颜色更接近文物本体,需对其进行染色处理。非物质文化遗产传承人冀云丽老师根据每件文物原有的色彩进行反复试验,调配出与文物本体相近的颜色。染色使用的材料为矿物颜料、蒸馏水和糨糊。糨糊不仅可以增加颜料在纸上的附着力,也能增加纸张的硬度,与老化的纸质文物更匹配,如图 5.39 至图 5.41 所示。

图 5.39　配置染料

图 5.40　刷涂染纸

图 5.41　凉纸

6. 加固及补缺粘接

由于该件纱阁戏人在制作时采用糨糊进行粘接,本次保护修复遵循使用原材料原工艺的保护修复原则,采用稀薄浆水对裤腿、衣脚等起翘处及开裂处进行粘接,缺失部分采取同材质老化纸补配。为了提高糨糊的耐久性,使用前在糨糊中加入了防霉剂。

该件纱阁戏人左手残缺,右手大拇指断开,红色衣摆处部分缺失,需对其进行补配。采用胶泥填补手指的残缺处,然后进行塑形,最后上白色颜料并做旧;衣摆的残缺处使用染色后的纸张进行补配,如图5.42、图5.43所示。

图5.42　粘接起翘处　　　　　图5.43　补配缺失衣襟

7. 做旧上色

用虫胶、乙醇、矿石色颜料配置色浆进行随色做旧,如图5.44所示。

图5.44　衣襟处做旧及上色

8. 纺织品保护修复

(1) 加固。由于该件丝织品糟朽较为严重,在清洗后还需对其进行加固。加固选用的试剂为质量分数为10%的蛋白溶液,用小毛刷蘸取适量的加固液轻轻涂刷在织物表面,等其渗透完全,停止加固,在室内自然晾干,如图5.45所示。

(2) 清洗。项目组观察发现丝织品出现了糟朽、皱褶、污渍等不同程度的病害,严重影响了文物的外观和价值,需对其进行保护修复。为保证清洗过程不会影响到文物未处理的部分,在清洗前使用无酸纸和塑料薄膜进行局部隔离,接着用毛刷蘸取质量分数为1%的表面活性剂进行整体清洗,等待10—

15 min，使清洗液与丝织物携带的污渍充分作用，然后用蒸馏水清洗干净；针对比较顽固的污渍，使用稀释后的醋酸溶液（pH4.7）进行去除，使用时一边涂刷一边清洗，清洗完后织物的 pH 为 7，如图 5.46、图 5.47 所示。

图 5.45　清洗前加固

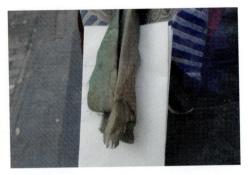

图 5.46　用宣纸作垫纸

图 5.47　清洗

（3）整形。为使加固后的织物更加柔软自然，在织物半干半湿时，用手自上而下轻轻梳理织物，将褶皱位置慢慢抚平，对变形位置进行细微调整。整形后的丝织品看起来更加美观自然，如图 5.48 所示。

图 5.48　整形

9. 泥塑部分修复

戏人手部存在脱落、断裂松动等病害，保护修复方法如下：

（1）检查松动部位的内部结构，观察内部支撑体是否需要加固或除锈，支撑体若糟朽，可采取打眼植入新的支撑体的方法。

（2）湿润断口，把残指摆放到位，再用泥浆、辅料和明胶的混合材料填补和粘接。

（3）用注射器将泥浆和明胶的混合液注射到缝隙内，以粘接微细断裂处和填补裂隙。

（4）脱落残缺部位的补塑。用塑泥、辅料和明胶的混合物填补手的残缺处，以保证在加固胎体的同时使文物具有完整性，如图 5.49、图 5.50 所示。

（5）干燥后修整粘接修补面使其整体协调，根据彩绘画面及颜色进行彩绘处理。

图 5.49　修复断裂手指

图 5.50　补配手指

10. 修复前后对比

如图 5.51 至图 5.54 所示,在保护修复后,该件纱阁戏人的文物价值得到明显提升。残缺处在补配后的风格与色彩和文物整体协调统一;清洗过程有效地去除了织物上残留的污渍,清洗后的丝织品颜色更加亮丽柔和;加固使丝织品手感和强度得到了明显提升,为后期进一步开展保护修复工作奠定了基础。

图 5.51 腰带清洗修复前

图 5.52 腰带清洗修复后

图 5.53 保护修复前

图 5.54 保护修复后

5.4.2 邓车戏人修复

1. 拍照及资料采集

从不同角度对文物进行拍照,采集不同部位的微距照片,详细记录文物的病害信息和保存状况,如图 5.55、图 5.56 所示。

图 5.55　邓车正面

图 5.56　邓车背面

2. 除尘

用毛刷、吸耳球等工具扫吹人物表面的浮尘,对人物饰品上粘有的污渍使用棉签加以擦除,如图 5.57、图 5.58 所示。

图 5.57　背部除尘

图 5.58　肩部除尘

3. 脱酸

用便携式 pH 测量计测量纸张的 pH,披风处 pH 为 4.78,酸度较高,易加速纸张老化,故需要进行脱酸处理。在披风处刷涂一层 NanoBookSave 无水纳米脱酸液,其挥发较快,不留痕迹。脱酸后纸质变软,且更显干净亮丽。脱酸处理一周后,pH 明显升高,接近中性,如图 5.59 所示。

图 5.59 脱酸

4. 染纸

为使修补材料的颜色更接近文物本体,需对其进行染色处理,非物质文化遗产传承人冀云丽老师根据每件文物原有的色彩进行反复试验,调配出与文物本体相近的颜色。染色使用的材料为颜料、蒸馏水和糨糊。糨糊不仅可以增加颜料在纸上的附着力,也能增加纸张的硬度,与老化的纸质文物更匹配,如图 5.60 所示。

图 5.60 染纸

5. 补缺

补配对象为邓车的披风。由于其糟朽严重,对表面进行粘接补配后,修复痕迹明显,对文物外观影响较大,因此选择整体补纸。补配后整体协调一致,与文物本体风格吻合度较高,如图 5.61 所示。对于起翘和裂隙处采用薄稀浆水进行粘接修复。

6. 丝织品清洗

项目组观察发现丝织品出现了糟朽、皱褶、破裂、污渍等不同程度的病害,严重影响了文物的外观和价值,需对其进行保护修复。为保证清洗过程不会影响到文物未处理的部分,在清洗前使用无酸纸和塑料薄膜进行局部隔离,接着用毛刷蘸取质量分数为 1% 的表面活性剂进行整体清洗,等待 10—15 min,使清洗液与丝织物携带的污渍充分作用,然后用蒸馏水清洗干净;针对比较顽固的污渍,使用稀释后

图 5.61 残缺部位补配

的醋酸溶液(pH 为 4.7)进行去除,使用时一边涂刷一边清洗,清洗好后织物的 pH 为 7(图 5.62、图 5.63)。

图 5.62 清洗腰带

图 5.63 清洗胡须

7. 丝织品加固

由于该件丝织品糟朽较为严重,在清洗后还需对其进行加固。加固选用的试剂为质量分数为 10% 的蛋白溶液,用小毛刷蘸取适量的加固液轻轻涂刷在织物表面,等其渗透完全,停止加固,在室内自然晾干,如图 5.64、图 5.65 所示。

图 5.64 加固腰带

图 5.65 加固帽饰飘带

8. 丝织品整形

为使加固后的织物更加柔软自然,在织物半干半湿时,用手自上而下轻轻梳理织物,将褶皱位置慢慢抚平,对局部进行细微调整。整形后的丝织品看起来更加美观自然,如图 5.66 所示。

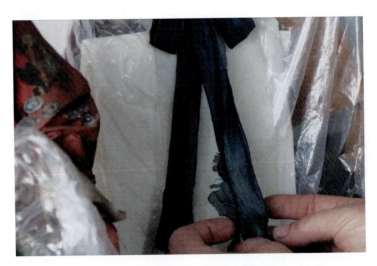
图 5.66 整形

9. 修复前后对比

如图 5.67 至图 5.70 所示,在保护修复后,该件纱阁戏人的文物价值得到明显提升。残缺处在补配后的风格与色彩和文物整体协调统一;清洗过程有效地去除了织物上残留的污渍,清洗后的丝织品颜色更加亮丽柔和;加固使丝织品手感和强度得到了明显提升,为后期进一步开展保护修复工作奠定了基础。

图 5.67　腰带修复前　　　　　图 5.68　腰带修复后

图 5.69　邓车修复前　　　　　图 5.70　邓车修复后

5.4.3　花蝴蝶戏人修复

1. 拍照及资料采集

从不同角度对文物进行拍照,采集不同部位的微距照片,详细记录文物的病害信息和保存状况,如图 5.71、图 5.72 所示。

图 5.71　花蝴蝶正面　　　　图 5.72　花蝴蝶背面

2. 除尘

用毛刷、吸耳球等工具扫吹人物表面的浮尘,对人物饰品上粘有的污渍使用棉签擦除,如图 5.73、图 5.74 所示。

图 5.73　肩部除尘　　　　图 5.74　帽饰除尘

3. 脱酸

用便携式 pH 测量计测量纸张的 pH,裤子处 pH 为 5.3,土黄上衣 pH 为 4.7。酸度均较高,易加速纸张老化,故需要进行脱酸处理。在裤腿及上衣涂一层 NanoBookSave 无水纳米脱酸液,其挥发较快,不留痕迹。脱酸后纸质变软,且更显干净亮丽。脱酸处理一周后,pH 明显升高,接近中性(图 5.75)。

图 5.75 脱酸

4. 染纸

为使修补材料的颜色更接近文物本体,需对其进行染色处理,非物质文化遗产传承人冀云丽老师根据每件文物原有的色彩进行反复试验,调配出与文物本体相近的颜色。染色使用的材料为颜料、蒸馏水和糨糊。糨糊不仅可以增加颜料在纸上的附着力,也能增加纸张的硬度,与老化的纸质文物更匹配,如图 5.76、图 5.77 所示。

图 5.76 配色

图 5.77 染纸

5. 加固及补缺

首先用蒸馏水对白芨、海藻糖、防霉剂配置而成的加固剂进行稀释(比例为 1∶2),然后将其用于脆弱纸质部分的加固,而后用染好的马尼拉皮纸修补花蝴蝶裤腿残缺处,并用糨糊进行粘接。左腿粘接成形后,用染成咖色的纸折叠裤子下半部短缺部分,补配到短缺处,稍微做旧处理,使颜色更接近原色。接着用一层马尼拉皮纸罩在补配过的裤腿上,内层起支撑作用,外层柔软,易于成型和粘接,也起到了一定的稳定和加固作用。右腿的修复方法与左腿相似。鉴于两只裤脚及靴子颜色不一致,左脚比右脚新,应为后补上的,根据原色分别调色绘制,如图 5.78 至图 5.81 所示。

图 5.78　加固前

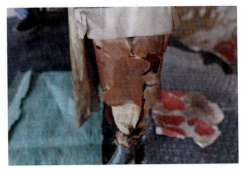

图 5.79　加固后

图 5.80　补配

图 5.81　补配后

6. 丝织品清洗

项目组观察发现丝织品出现了糟朽、皱褶、变形、污渍等不同程度的病害,严重影响了文物的外观和价值,需对其进行保护修复。为保证清洗过程不会影响到文物未处理的部分,在清洗前使用无酸纸和塑料薄膜进行局部隔离,接着用毛刷蘸取质量分数为 1% 的表面活性剂进行整体清洗,等待 10—15 min,使清洗液与丝织物携带的污渍充分作用,然后用蒸馏水清洗干净;针对比较顽固的污渍,使用稀释后的醋酸溶液(pH4.7)进行去除,使用时一边涂刷一边清洗,清洗好后织物的 pH 为 7 左右,如图 5.82 至图 5.85 所示。

图 5.82　拟清洗腰带

图 5.83　清洗腰带 1

图 5.84　清洗腰带 2

图 5.85　清洗帽饰飘带

7. 加固

由于该件丝织品糟朽非常严重,在清洗后必须对其进行加固。加固选用的试剂为质量分数为 10% 的蛋白溶液,用小毛刷蘸取适量的加固液轻轻涂刷在织物表面,等其渗透完全,再次加固,直到加固剂基本不被吸收时停止加固,在室内自然晾干,如图 5.86 所示。

图 5.86 加固

8. 丝织品整形

为使加固后的织物更加柔软自然,在织物半干半湿时,用手自上而下轻轻梳理织物,将褶皱位置慢慢抚平,对变形位置进行细微调整。整形后的丝织品看起来更加美观自然,如图 5.87 所示。

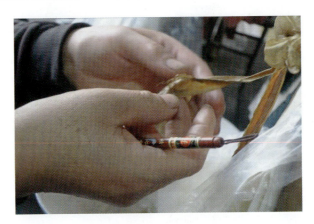

图 5.87 整形

9. 泥塑部分修复

花蝴蝶脸部有龟裂、起甲等病害,保护修复方法如下:

(1) 对于龟裂病害的修复。用细针管在龟裂裂缝处注射去离子水,待水分慢慢潮润颜料层,再在裂缝处注射质量分数为 0.5% 的明胶溶液,并用丝绸包裹药棉制成的棉球滚压,应从颜料层未裂口处向裂缝处轻轻滚压,至颜料层回贴稳固。

(2) 对于起甲病害的修复。先用注射器将质量分数为 2.5% 的聚醋酸乙烯乳液注射到起甲的裂口处,注射时针头应伸进起甲画面的底部。待注射的黏合剂被地仗层吸收后,用竹、木刀或不锈钢刀,用力适当轻轻将起甲处压贴回地仗层,特别注意不可用力过大或过猛而压碎颜料层。之后,用质地细腻的绸缎包扎脱脂棉做成直径约 5 cm 的棉球排压起甲处。排压时从未开裂起甲部位向开裂处轻轻滚压,以便使空气排出,防止出现气泡和将画面压出褶皱。

10. 修复前后对比

如图 5.88 至图 5.91 所示,在保护修复后,该件纱阁戏人的文物价值得到明显提升。残缺处在补配后的风格与色彩和文物整体协调统一;清洗过程有效地去除了织物上残留的污渍,清洗后的丝织品颜色更加亮丽柔和;加固使丝织品手感和强度得到了明显提升,为后期进一步开展保护修复工作奠定了基础。

图 5.88　腰带修复前

图 5.89　腰带修复后

图 5.90　整体修复前

图 5.91　整体修复后

《邓家堡》纱阁戏人文物修复前后的整体效果对比如图 5.92、图 5.93 所示。

图 5.92 《邓家堡》纱阁戏人文物修复前

图 5.93 《邓家堡》纱阁戏人文物修复后

5.5　保护修复后的保存环境

（1）应为每件文物制作恒温恒湿保护柜。

（2）文物修复后的保存环境应做到对紫外线、微生物霉菌和空气污染的有效防护。温度控制在 15—20 ℃，湿度控制在 50%—65%，照度控制在 50 Lux 以下。

（3）每年定期对文物进行保养维护，把文物病害消除在萌芽状态。

后 记

2017年5月,山西省文物保护研究中心承接了"平遥县清虚观藏纱阁戏人文物保护修复项目",为了能够利用现代科技手段结合传统技艺保护并修复纱阁戏人文物,由山西省文物保护研究中心、中国科学技术大学及平遥县纱阁戏人非物质文化遗产传承人组成项目组开展了平遥县纱阁戏人文物保护修复工作。纱阁戏人属集多类材质于一体的特殊类型文物,没有成熟的修复方法及经验可借鉴,虽然经前期研究厘清了文物的病害类型、制作材料及工艺,但怎样去保护修复文物项目组仍然心中无底,于是邀请李化元、龚德才、黄继忠、吴顺清、铁付德、张金萍、周松峦、李玲、方北松、肖嶙、潘路、梁宏刚、韦荃等多位国家文物局专家现场开展调查论证,确定了实施方案,通过项目组的努力工作完成了平遥县纱阁戏人文物保护修复工作,不仅消除了文物病害,而且恢复了纱阁戏人生动形态。

在文物保护修复过程中,针对纱阁戏人文物不能拆解及文物糟朽严重的问题,中国科学技术大学龚德才教授带领项目组成员,在完成了文物病害检测分析工作的基础上,利用天然生物原料研发了"脆弱纸质加固剂",经检测研究,该加固剂对文物无害,可以让脆弱纸质文物强度增加1倍多,该发明已申请了国家专利。冀云丽、邵月文、雷旺盛等3位平遥纱阁戏人非物质文化遗产传承人用不同的修复思路,在对仿制品试验成熟的基础上,选取了残损严重未定级的《反西凉》《出庆阳》《冀阳关》3阁纱阁戏人文物进行修复方法试验,最后确定了具体的修复方法及步骤。3位传承人不但为保护修复出谋划策,还把自己多年制作纱阁戏人的经验及资料提供给保护修复团队,为此次保护修复工作作出了巨大贡献。此外，荆州文保中心对于文物保护及修复工作给予了很大支持，因文物上的纺织品材料不能拆解下来，魏彦飞主任亲临现场示范指导，进行纺织品清洗加固工作。

在各位专家指导及保护修复团队努力工作下，经过8个月的保护修复，完成了10阁纱阁戏人文物的保护修复工作，2018年10月，经山西省文物局组织专家验收，全部达到《平遥县清虚观藏纱阁戏人保护修复实施方案》预期目标，圆满通过验收。

钟博超

2021年5月